Zitrone

BRUNO CICCAGLIONE

MIT ILLUSTRATIONEN VON
LINDA WOLFSGRUBER

mandelbaums *kleine gourmandisen*
N° 22

www.mandelbaum.at
ISBN 978-3-85476-571-4

2. Auflage 2020
Lektorat: Inge Fasan
Umschlaggestaltung & Satz: Michael Baiculescu
Illustrationen: Linda Wolfsgruber
Druck: Interpress, Budapest

DAS LAND, WO DIE ZITRONEN BLÜHEN

Kennst du das Land, wo die Zitronen blühn,
Im dunklen Laub die Goldorangen glühn,
Ein sanfter Wind vom blauen Himmel weht,
Die Myrte still und hoch der Lorbeer steht?
Kennst du es wohl?
Dahin, dahin
Möcht ich mit dir, o mein Geliebter, ziehn!

Solches (und weitere zwei Strophen) rezitiert das Mädchen Mignon, ihres Zeichens eine junge Italienerin und Mitglied einer Straßenkünstlergruppe, für Wilhelm, die Hauptfigur in Johann Wolfgang von Goethes Bildungsroman *Wilhelm Meisters Lehrjahre* (1795/96). Mignon erinnert sich darin nostalgisch an ihr Land Sizilien und wird damit zum Sinnbild des Südens, weswegen Wilhelm sich entscheidet, das Mädchen unter seinen Schutz zu stellen. Wie auch immer man das sehen mag – es ist ein perfektes Beispiel für die im 19. Jahrhundert grassierende deutsche Sehnsucht nach Italien, die in der Folge zur Klischeevorstellung wurde. Viele Jahre später schrieb Johann Strauß Sohn einen Wiener Walzer unter dem Titel »Bella Italia« für ein Konzert in Italien, aber für die erste Vorstellung in Wien im Juni 1874 wurde der Titel in »Wo die Zitronen blühen« (op. 364) geändert – eine klare Referenz an Sizilien und Goethe.

Für mich als Süditaliener war »das Land, wo die Zitronen blühen« die Region Kampanien: die Halbinsel von Sorrent, die Amalfi-Küste, die Inseln Procida, Ischia und Capri. Dass die Zitronen dort nicht nur blühen, sondern selbstverständlich auch duften, belegt unter anderem der Ratschlag meiner Tante, die wie mein Vater aus

Capri stammt: »Die Schale der Zitronen mit dem Nagel leicht ankratzen und riechen!« Auf diese Weise, meinte die Tante, könne man Kopfschmerzen den Garaus machen. Auf einer der langen Fahrten vom väterlichen Dorf zurück an unseren Wohnort nahe Rom kam uns diese Methode sehr gelegen. Der Gestank des Motors auf den Rücksitzen unseres alten »Prinz« (es waren die 1970er Jahre!) war mehr als intensiv und meiner Schwester und mir bereits zu Kopf gestiegen. Aus einem Säckchen reichte uns unsere Mutter je zwei Zitronen nach hinten, und binnen weniger Minuten duftete es im Auto umwerfend gut – und das Kopfweh war weg! Die – damals wortwörtlich – kindliche Begeisterung für die Zitrone hat sich bis heute gehalten. Und sie wurde auch nicht getrübt als ich, noch völlig unerfahren, in eine halbe Zitrone biss und feststellen musste, dass eine Frucht, die alle als sehr gut beschreiben, nicht unbedingt süß sein muss.

LIMONARE ODER DIE KUNST DES KNUTSCHENS

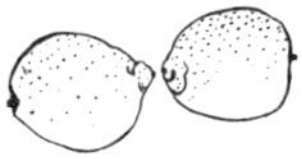

In der Jugend lernt man Neues nicht unbedingt von den Eltern oder in der Schule, nicht aus den Medien, wie das vielleicht heute vermehrt geschieht, sondern von gleichaltrigen oder etwas älteren Freundinnen und Freunden. Zumindest bei mir war das so. In dieser Zeit lernt man auch neue Worte – passend zur neu entdeckten Welt. Deshalb entwickeln sich Erfahrungen, die wir machen, und unsere Fähigkeit, diese in Worte zu fassen, zur selben Zeit.

Eine dieser Erfahrungen und das zugehörige Wort ist »limonare«. Es handelt sich dabei um ein Verb, das die Italiener dafür verwenden, wenn der Kontakt zweier Menschen intensiver und körperlicher wird. »Limonare« bedeutet im Italienischen so viel wie »knutschen« oder »schmusen«. Die Tatsache, dass intensives Zungenküssen mit dem Namen der sauersten Frucht in Verbindung gebracht wird, finde ich vielsagend, denn es hat etwas mit Reife zu tun: Als Heranwachsender beginnt man zu verstehen, dass die schönen Dinge im Leben nicht zwangsweise süß sein müssen – ähnlich dem Biss in die Zitrone.

In den 1960er Jahren tauchte das Verb erstmals in italienischen Wörterbüchern auf. Es verbreitete sich, aus Mailand kommend, zuerst in der Lombardei und dann in ganz Italien. Obwohl in anderen Regionen viele Synonyme geläufiger sind, wird »limonare« überall in Italien verstanden. Auf dem Markt in Mailand – so eine sprachwissenschaftliche Erklärung – hatten die Obsthändler die Gewohnheit, die Zitronen in Paaren zu verkaufen. Deswegen wurden Liebespaare manchmal »limoni« (Zitronen) genannt. Andere Sprachforscher und -forscherinnen führen den Ursprung des Verbs auf die Handbewegung zurück, die man beim Zitronenpressen macht und die an die Bewegung sich küssender Zungen erinnert.

Wie dem auch sei: Probieren Sie doch einfach selbst, einen Italiener oder eine Italienerin zu fragen, was »limonare« bedeutet. Sie werden in jedem Fall ein breites Lächeln ernten.

ZITRUSFRÜCHTE – EINE FAMILIENAUFSTELLUNG

Die Kultivierung der Zitrusfrüchte ist mindestens 4000 Jahre alt und sie begann in Asien. Orangen und Bitterorangen, Zedratzitronen, Mandarinen, Grapefruits und Zitronen sind die bekanntesten Mitglieder der Gattung *Citrus*. Durch verschiedene Kreuzungen – die Zitrusfrüchte generieren auch spontan Hybride – bildeten sich viele Arten von Zitrusfrüchten heraus. Als erstes schriftliches Zeugnis für Zitrusfrüchte gilt ein Eintrag im Buch *Yu*, das aus der Zeit des chinesischen Königs Ta Yu (reg. 2205–2197 v. u. Z.) stammt, sowie das indische Buch *Vajaseneyi sambita* (800 v. u. Z.).

Die »Familiengeschichte« der Zitrusfrüchte blieb lange geheimnisvoll, aber in den letzten Jahren hat die Sequenzierung des Genoms einiger von ihnen eine partielle Rekonstruktion der komplexen Verwandtschaften ermöglicht. Überraschend war die Entdeckung, dass fast alle weltweit gezüchteten Zitrusfrüchte der Kreuzung von nur drei Arten entstammen. Deshalb findet man in dieser »Familie« drei »Elternteile«: die Zedratzitrone *(Citrus medica)*, die Mandarine *(Citrus reticulata)* und die Pampelmuse *(Citrus maxima)*.

Laut diesen Forschungen nimmt man an, dass die Zitrone *(Citrus limon)* eine Kreuzung zwischen Zedratzitrone und Bitterorange *(Citrus aurantium)* ist. Sie wird aber seit Jahrhunderten als eigenständige Sorte geführt. Das Fresko in einem Haus in Pompei (der Ausbruch des Vesuvs war im Jahr 79) zeigt einige gelbe Zitrusfrüchte. Wahrscheinlich handelt es sich dabei um Zedratzitronen. Die Zitronen kamen erst viel später, ca. um 700, über die Handelswege von Ostasien ins Mittelmeergebiet.

Die Zedratzitrone *(Citrus medica)* war die erste Zitrusfrucht, die es nach Europa schaffte. Sie wurde von Alexander dem Großen um 300 v. u. Z. aus Persien über das Mittelmeer eingeführt (die Beifügung *medica* kommt von »Medien«, wie das Land damals genannt wurde), und sie war die einzige Zitrusfrucht, die in der römischen Zeit kultiviert wurde. Der zweite »Elternteil« der Zitrone, die Bitterorange, wahrscheinlich eine Kreuzung zwischen Mandarine und Pampelmuse, hat sich laut Forschungen im nordwestlichen Indien und in Südchina mit der Zedratzitrone gekreuzt und somit die Zitrone entstehen lassen.

Vom persischen Wort ليمو, das man līmū spricht, kommt der Begriff »Limon«. »Citrus/Zitrus« kommt aus dem Griechischen. Diese beiden sprachlichen Quellen sind für *limone* (Italienisch), Zitrone (Deutsch), *lemon*

(Englisch), *citron* (Französisch), *limón* (Spanisch), *limon* (Russisch) verantwortlich.

WO DIE ZITRONE WÄCHST

Die Verbreitung der Zitrone in Europa begann durch die Araber im 12. Jahrhundert von Sizilien aus. Ugo Falcando (auch Hugo Falcandus) – vermutlich das Pseudonym eines mittelalterlichen Literaten oder Geschichtsschreibers – erwähnt in seiner Chronik des Sizilianischen Königreichs »lumias« (die Chronik wurde auf Lateinisch geschrieben). Nur einige Jahre später schrieb der arabische Agronom Ibn al-Awwām im spanischen Sevilla über Zitronen. Bei seiner zweiten Reise nach Amerika 1493 nahm Christoph Columbus Zitronenpflanzen nach Haiti mit. Von dort aus verbreiteten sie sich über den gesamten amerikanischen Kontinent. Die Niederländer exportierten die Zitrone 1654 nach Südafrika und die Engländer verbreiteten sie ab 1788 in Australien.

Heute ist die Zitrone nicht nur im Mittelmeergebiet zuhause (vor allem in Spanien, Italien, in der Türkei und in Griechenland), sondern auch in Nord- (vor allem in Kalifornien) und in Südamerika (vor allem in Argentinien).

Die Hauptanbaugebiete der Zitronen sind Kalifornien, Spanien, Italien, die Türkei, Israel, Griechenland, Südafrika, Brasilien und Argentinien. Die für den Welthandel relevanteste Zitronensorte ist »Eureka« (die Pflanze ist nicht sehr groß und stark, die Zitronen sind saftig und sehr sauer). Der Name wurde ihr in Kalifornien gegeben. Sie entstammt sizilianischem Saatgut und ist heute auch bestimmend für Australien, Südafrika und Argentinien. »Lisbon« (eine Pflanze mit vielen Blättern und Dornen sowie saftigen Früchten) ist in vielen Ländern die für den Handel zweitwichtigste Sorte (Kalifornien, Australien, Uruguay, Argentinien). Die meistangebaute Sorte in Südamerika ist »Genoa« (der Name verrät uns, woher die Samen stammen. Sie kamen im Zuge der großen Migrationsbewegungen von Genua nach Argentinien und nach Südamerika). In Spanien, in der Gegend von Murcia – traditionell die Region mit der größten europäischen Produktion –, wurden vor allem zwei Sorten selektiert, die heute die spanische Zitronenzucht dominieren: Die »Fino« (ellipsenförmige Zitronen, saftig und mit saurem Fruchtfleisch) blüht weniger oft, deswegen produziert die Pflanze vor allem zwischen Oktober und Februar viele Früchte; die Sorte »Verna« (etwas größer, mit dickerer Schale, wenig Samen und Saft) blüht dagegen oft, die Ernte kann schon von August bis Oktober erfolgen.

In Italien wütete zu Beginn des 20. Jahrhunderts eine Pilzkrankheit (»malsecco«) und vernichtete die Zitronenplantagen. Nun gibt es in Italien nur noch Sorten, die gegen diese Krankheit resistent sind. Die wichtigsten sind die »Femminello fior d'arancio« (mit Blüten, die nicht wie andere Zitronensorten einen violetten Rand haben und deshalb wie Orangenblüten aussehen), die »Femminello siracusano« (relativ groß, mit vielen Kernen, sie werden vor allem im Winter geerntet) und andere lokale Sorten wie die »Monachello« (aus Messina an der Küste des Ionischen Meeres) und die »Interdonato« aus Messina (relativ groß, mit ellipsenförmigen Früchten und glatter Schale, die schon im September erntereif sind). Andere kleine Oasen mit Zitronen in Topqualität befinden sich zum Beispiel in Favazzina (Kalabrien) mit »Femminello sfusato«, in Sorrent mit »Femminello ovale« sowie an der Amalfiküste mit »Sfusato amalfitano«.

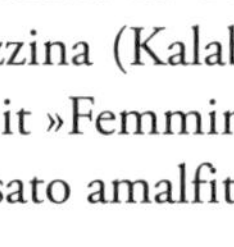

BIOLOGIE, KULTIVIERUNG, SAISON

Die dornigen Äste des Zitronenbaums – ein immergrüner Baum, der bis 6 Meter hoch werden kann – haben ellipsenförmige Blätter, jung rötlich und später dunkelgrün, heller im unteren Teil des Baums und dunkler oben. Bei der ersten Zitronenernte ist die Pflanze normalerweise 4 oder 5 Jahre alt. Dann produziert sie 200 bis 600 Zitronen pro Jahr, bis der Baum ca. 15 Jahre alt ist (aber die Lebensdauer des Baumes kann auch 80 Jahre übersteigen). Die Pflanze produziert unter den richtigen klimatischen Bedingungen ganzjährig sanft duftende Blüten, deren Farben sehr schön sind: Wenn sich die violetten Knospen öffnen, schenken sie den weißen Blütenblättern einen violetten Rand, was die gelbe Farbe der Stempel unterstreicht.

Eine Besonderheit der Zitrusbäume ist ihre Anlage, gleichzeitig Früchte und Blüten zu tragen. Sie ignorieren quasi die Regeln der Botanik, was ihnen eine rebellische Aura verleiht. Diese prinzipielle Fähigkeit der Pflanze wird im Zuge eines landwirtschaftlichen Verfahrens ausgenützt, das in Sizilien im 19. Jahrhundert erdacht wurde: Die Pflanze wird in »Wasserstress« versetzt, das heißt, mitten im Sommer wird die Bewässerung eingestellt (die Sizilianer nennen dieses Verfahren »secca«, trocken; man spricht von »forzatura del limone«, vom Bezwingen der Zitrone), bis die Baumkrone zum welken beginnt. Darauf folgen reiche Bewässerung und Düngung. Dies stimuliert die Blüte des Baums, der im folgenden Jahr auch außerhalb der eigentlichen Saison Früchte hervorbringt. Die Zitrone ist also schon ein Rebell, aber eben einer, dessen rebellische Anlage ausgebeutet wird.

Die Früchte sind oval oder länglich, mit spitzen Enden, die an Brustwarzen erinnern. Normalerweise ist die Schale gelb mit unterschiedlichen Farbnuancen, aber es gibt auch grüne oder weiße (reife!) Früchte an derselben

Pflanze – abhängig von der Jahreszeit. Das Fruchtfleisch ist in acht bis zehn Segmente geteilt und normalerweise sehr sauer und saftig; vielen Sorten haben keine Kerne.

Um die Eigenschaften der Zitruspflanze sowie Blüte- und Reifezeiten zu erläutern, soll der Anbau in Sizilien als Beispiel dienen. Die Fähigkeit des Zitronenbaums, immer wieder Blüten hervorzubringen – eventuell mithilfe des bereits beschriebenen landwirtschaftlichen Verfahrens – führt dazu, dass er Früchte unterschiedlicher Phasen trägt, die sich manchmal auch morphologisch unterscheiden, weshalb sie auch unterschiedliche Namen haben. Interessanterweise beinhalten diese Namen die Zeit der Blüte, nicht die der Ernte:

- Die »marziani« kommen aus einer ganz frühen Blüte Ende März und bringen Früchte mit flachgedrückter Fruchtspitze und einer runden Form, die im September reif sind.
- Die »Winterzitronen« (wie die »primofiore«) sind das Ergebnis der Hauptblüte von April bis Anfang Juni. Sie reifen zwischen September und März. Die Fruchtspitzen sind hier ausgesprochen flach und die Farbe ist intensiv.
- Die »bianchetti« und die »biancuzzi« bekommen ihren Namen vom Adjektiv »weiß« wegen der helleren Farbe ihrer Schale. Sie stammen aus Blüten, die sich zwischen Ende Juni und Juli entfalten, und reifen zwischen März und April.
- Die »maiolini«, »verdelli«, »agostari« etc. stammen aus der Blüte zwischen August und Oktober und werden zwischen Mai und September des folgenden Jahres geerntet. Sie sind das Ergebnis des Wasserstress-Verfahrens.

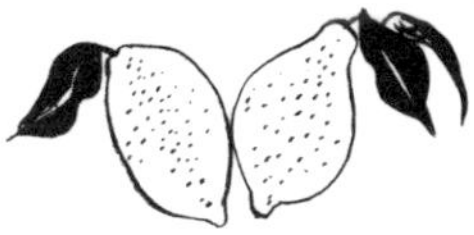

Kurz gesagt: Die Zitronenblüte findet von März bis zum folgenden Oktober statt, die Bäume tragen in der Folge von September bis zum folgenden September Früchte. Das ist zumindest das Potenzial der Pflanze. Warum, fragt man sich zurecht, ist es dann so schwierig, im Sommer in Deutschland oder Österreich eine sizilianische Zitrone zu bekommen? Warum muss man in dieser Zeit solche aus Südafrika oder Lateinamerika kaufen? Einfach weil es keine anderen gibt? Und ist es wirklich sinnvoll, eine biologische Zitrone zu kaufen, die zehntausende Kilometer weit transportiert wurde? Die Antwort hat, wie eben gezeigt, nichts mit der Produktivität des Zitronenbaums zu tun, sondern mit den Preisen und den Produktions- und Transportkosten: Es gibt ganz einfach Zeiten im Jahr, in denen Zitronen, die tausende Kilometer weit transportiert werden, billiger sind als solche aus Europa. Das ist irrational, alles andere als ökologisch und ausbeuterisch, denn die realen Produktionskosten können sich in diesem Preis gar nicht niederschlagen.

Im Gegensatz zu anderen Zitrusfrüchten haben Zitronen eine weitere spezielle Eigenschaft: Sie können die Reifung erreichen, auch wenn sie nicht mehr am Baum hängen. In der industriellen Produktion werden sie daher noch grün und unreif geerntet, chemisch behandelt und anschließend verschickt. Sie sind mit einem Fungizid und einer Wachsschicht »geschützt«. Steht auf einem Etikett aber »Schale unbehandelt«, bedeutet es, dass diese Zitronen nicht mit diesen Produkten in Berührung gekommen sind, und es bedeutet wahrscheinlich auch, dass die Zitronen (fast) reif geerntet wurden und somit einen kürzeren Transportweg hinter sich haben.

DIE FARBE GELB UND DIE ZITRONE IN DER BILDENDEN KUNST

Reife Zitronen strahlen in den meisten Fällen von intensivem Gelb und leuchten in Zitrusplantagen wie kleine Sonnen. Kein Wunder also, dass die Farbe Gelb in vielen Kulturen mit dem Licht assoziiert wird, vor allem mit der Sonne. Deren Licht strahlt aus ihrer Mitte zentrifugal aus, weshalb der Farbe Gelb ein Impuls der Öffnung, der Befreiung und Flucht zugeordnet wird. Die Physik belegt, dass gelbe Körper das Licht besser zurückwerfen als andere, weshalb Gegenstände in dieser Farbe immer breiter und heller aussehen, als sie sind.

Der Hang hervorzustechen, die Extrovertiertheit, welche man der gelben Farbe nachsagt, führt auch dazu, dass sie mit menschlichen Zuständen wie Wahnsinn oder Dummheit in Verbindung gebracht wird.

Ob der lichtspendenden Dimension der Farbe Gelb gibt es in verschiedenen Mythologien der Sonne zugeordnete Gottheiten: der Sonnengott Helios in der griechischen Mythologie, Vishnu und Buddha in Indien – Buddhas Hand ist der Name einer ganz speziellen Zitronensorte. In der Yoga-Tradition ist dem Manipura, dem Solarplexus-Chakra, die Farbe Gelb und der Intellekt zugeordnet. Gelbes Licht macht alles klar sichtbar. In der Form von Gold vermittelt die gelbe Farbe Stabilität und Sicherheit.

So wie das Licht der Sonne erleuchten oder blenden, wärmen oder verbrennen kann, so kann das Gelb die Farbe trockener Herbsterde sein, eine Ankündigung von Verfall und vom Nahen des Todes. Schwefel, der an die Hölle erinnert, und Galle, die wir mit Wut verbinden, bestehen – wie auch die Zitrone – aus verschiedenen Gelbtönen, die zum Grünen neigen.

Diese reiche Symbolik der Farbe Gelb hat zu allen Zeiten eine große Bedeutung für Künstler und Künstlerinnen gehabt. Die leuchtende Zitrone hat in der Malerei ebenfalls ihren Platz. Die christliche Tradition assoziiert das Bild der Zitronenpflanze mit der Jungfrau Maria, weil die Frucht einen süßen Duft und ein angenehmes Aussehen hat. Für Domenico Veneziano etwa ist sie ein heiliges Symbol – man sieht Zitronenbäume hinter *Maria mit dem Kind und Heiligen* (1445, ursprl. Santa Lucia dei Magnoli).

In den nachfolgenden Jahrhunderten kam ein neues Interesse für die Natur auf. Im Zuge intensiver botanischer Forschungen wurde die erste Orangerie in Europa angelegt, und die Kunst nahm diese Neuerung auf: Das Stillleben wurde zum beliebten Sujet in der Malerei. Eines der Gemälde, die dieses Genre begründet haben, ist von Michelangelo Merisi da Caravaggio. Der Künstler, der es als Erster verstand, dass das Stillleben eine Kunstrichtung für sich sein kann, malte um 1595 einen Früchtekorb. In diesem Korb, der symbolisch wohl das »Haus der Früchte«, die Kirche, darstellen soll, sehen wir verschiedene Obstsorten, alle mit einer starken Symbolik: Weintrauben mit Weinblättern, Feigen mit Feigenblättern, einen Apfel, eine Birne mit Birnenblättern und auch eine große Zitrone mit Blättern. Die Farben sind stark, aber ebenso stark sind die Schatten. Das Obst sieht auf den ersten flüchtigen Blick sehr schön aus, doch die Zitronenblätter, so wie die anderen, sind bereits alt und vergilbt, der Apfel ist wurmig, die Frucht fast verdorben: eine klare Anspielung auf die Endlichkeit des Lebens.

In seinem Gemälde *Winter* (um 1563) hat Giuseppe Arcimboldo, berühmt für seine aus Obst und Gemüse komponierten Porträts, den Winter als alten Mann abgebildet. Die Haut des Gesichtes ist ein knotiger und trockener Baumstamm; der Bart besteht aus wenigen nackten Ästen ohne Blätter. Die Farben sind düster und dunkel, die Natur ruht sich im Winter aus, der Mann ist am Ende des Lebens. Aus seiner Brust wächst ein Ast an dem, mit ihren leuchtenden Farben, eine Zitrone und eine Orange wachsen. Die zwei Zitrusfrüchte sagen uns ganz klar: Das Leben geht weiter.

Die Zitrone erscheint in vielen Stillleben flämischer Künstler, vor allem um das Vermögen des Handelsbürgertums darzustellen. Dagegen sind die spanischen Gemälde oft intim und nachdenklich. Ein spektakuläres Beispiel dieser Richtung ist *Zitronen, Orangen und ein Kelch mit Rosenblättern* (1633) von Francisco de Zurbarán: Vor einem dunkeln Hintergrund heben sich vier große Zitronen ab. Die Schale ist rau, die Enden sind sehr spitz. In der Mitte befinden sich einige Orangen mit ihren Blättern und Blüten – ein Symbol für Keuschheit. Rechts liegt eine dornenlose Rose – eine Hommage an die Jungfrau Maria.

Erwähnenswert sind auch die Werke von Bartolomeo Bimbi, die er für den Großherzog der Toskana, Cosimo III. de Medici, gemalt hat, weil er in diesen einen regelrechten Katalog der verschiedenen Zitrusfrüchte geschaffen hat. Die Beziehung zwischen dem Großherzog und dem Maler war nicht immer harmonisch: Auf der einen Seite war Bimbi nicht immer glücklich über den Lohn für seine Arbeit und auf der anderen Seite war Cosimo III. ein autoritärer Herrscher. Er war verantwortlich für die Verfolgung der Juden und aller anderen Gruppen, die sich gegen die katholische Moral auflehnten. Aber er war – wie seine Vorgänger auch – ein wichtiger Gönner. Heutige Kunsthistoriker meinen, Bartolomeo Bimbi hätte großartigere künstlerische Ergebnisse erzielen können, wäre er nicht Cosimo und der Katalogisierung der Zitrusfrüchte verpflichtet gewesen. Aber Gemälde wie *Melangoli, limoni e limette* (Verschiedene Zitrusfrüchte, 1715) finden wir heute noch schön.

Mit der Verbreitung der Zitrusfrüchte verlor die exotische Frucht für die Künstler und Künstlerinnen an Faszination und Bedeutung. Erst in den Kunstwerken der Impressionisten im 19. Jahrhundert übernimmt die Zitrone wieder eine Hauptrolle. Édouard Manet hat Zitronen nicht nur in vielen Gemälden festgehalten, er hat auch ein regelrechtes »Porträt« einer Zitrone geschaffen (*Le citron*, 1880). Die Kunstwerke von Paul Cézanne (z.B. *Milchkrug und Zitrone*, ca. 1880) oder später Henri Matisse (*Stillleben mit Zitronen*, 1951) gehen ebenfalls in diese Richtung. Die Zitrone im Gemälde von Picasso ist für den Künstler nur eine geometrische Form (*Stillleben mit Zitrone*, 1907). Ironisch und bestechend ist die Annährungsweise von Romero de Torres: Der Künstler setzt die Zitrone in den Titel seines Gemäldes *Naranjas y Limones* (*Orangen und Zitronen*, 1927/28). Eine junge Frau mit nacktem Oberkörper hält ein paar Orangen in ihren Armen. Aber wo sind die Zitronen? Die Zitronen »sieht« man – das ist die Anspielung – in Form ihrer nackten Brüste, gelblich und mit kleinen Brustwarzen.

GUTTUSO, BAGHERIA UND DIE BAUERNKÄMPFE IN SIZILIEN

Einer der wichtigsten bildenden Künstler Italiens des 20. Jahrhunderts, Renato Guttuso, stammte aus Bagheria. Die kleine Stadt nicht weit von Palermo war im 20. Jahrhundert und vor allem in den Jahren nach dem Zweiten Weltkrieg ein wichtiges Zentrum des Zitronenanbaus – das »Gold von Bagheria« wurden die Früchte genannt. Aber die Geschichte beginnt bereits früher:

Im 19. und zu Beginn des 20. Jahrhunderts waren Zitrusfrüchte für breite Landstriche an der sizilianischen und kalabrischen Küste die wichtigsten landwirtschaftlichen Produkte. Nach der Entdeckung des Vitamin C (die Ascorbinsäure wurde von James Lind ca. 1753 entdeckt) sorgte die Nutzung des Zitronensafts als Prophylaxe gegen durch Vitaminmangel verursachte Krankheiten dafür, dass die Nachfrage nach Zitronen und deren Preise explodierten. Der Markt dafür war international: Im 19. Jahrhundert fuhren aus den Häfen von Palermo und Messina immer mehr Schiffe in die USA und nach London. Mit anderen Transportmitteln erreichten die sizilianischen Zitronen Russland, Hamburg, Amsterdam und viele Orte mehr. Die Zitrone war damals die einzige Frucht aus dem Mittelmeerraum, die weite Strecken transportiert werden konnte, ohne zu verderben. Die lange Lagerfähigkeit in kühlen, unterirdischen Räumen führte zu einem nochmaligen Anstieg der Zitronenproduktion – auf Kosten des Orangenanbaus.

Diese Veränderungen waren tiefgreifend und prägten die sizilianische Gesellschaft stark. Manche Historikerinnen und Historiker bringen auch den Aufstieg der sizilianischen Mafia mit der Ausbreitung des Zitronenanbaus in Zusammenhang: Trotz hoher Investitionskosten wurden mit den Zitronen hohe Gewinne erzielt und das – so die Hypothese – steigerte die Motivation von kriminellen Gruppen, sich einen Anteil dieser Profite zu sichern. Die politischen Institutionen zu jener Zeit waren schwach und hatten dem nichts entgegenzusetzen. Nach der Bildung des italienischen Einheitsstaates im Jahr 1861 wurden die Widersprüche in der Machtstruktur noch größer. Eine erste große Krise führte zur Zerstörung weiter Teile der Zitronenproduktion: Der Grund dafür war die Ausweitung des Zitronenanbaus in einigen Exportländern, die Märkte für sizilianische Zitronen brachen ein und der Preis für die gelben Früchte verfiel. Die Auswirkungen dieser Entwicklungen führten zu einer massiven Verschlechterung der ohnehin schon harten Arbeits- und Lebensbedingungen der Landarbeiter gegen Ende des 19. Jahrhunderts. Daraus entstand eine der größten sozialen Bewegungen Europas: die »Fasci siciliani«, ein Zusammenschluss von sizilianischen Bauern, Arbeitern und Intellektuellen mit einer sozialistischen Orientierung. Die Landbesitzer, die Mafia und die Regierung, die vor dem Sozialismus Angst hatte, reagierten darauf mit brutaler Repression. Es kam zu einem Blutbad, das letztlich zu einer Massenemigration nach Amerika (ca. 560.000 Menschen innerhalb von zehn Jahren) führte. Mehr als 15 Prozent der sizilianischen Bevölkerung (damals 3 Millionen) verließen die Insel auf der Suche nach einem besseren Leben.

Nach dem Zweiten Weltkrieg und dem Ende des Faschismus kam erneut die Forderung nach einer Landreform (mit dem Slogan »das Land den Bauern«) auf. Es kam zu neuerlichen Kämpfen in verschiedenen Gegenden, die immer auch Kämpfe gegen die agrarische Mafia waren. Bagheria ist einer der Orte, in denen die Bäuerinnen und Bauern die ersten Reformen umsetzten: Sie begannen die Zitronenproduktion genossenschaftlich zu organisieren. Deswegen überrascht es nicht, dass diese Phase, in der die gesamte Wirtschaft sich um die Zitrusproduktion drehte, die Kunstwerke von Renato Guttuso beeinflusst hat. Seinem Stil entsprechend, die populäre Kultur und die örtlichen Gebräuche leidenschaftlich und sinnlich darzustellen, sind die Zitronen in Anlehnung an den Expressionismus gemalt (*Limoni* – ca. 1970, *Limoni* – ca. 1972, *Stillleben mit Zitronen und weißes Tuch* und *Limone* – 1978):

»Ein Kunstwerk ist immer die Summe aller Vergnügungen und Schmerzen des Menschen, der es geschaffen hat. Es ist nicht notwendig, für einen Künstler Mitglied der einen oder anderen Partei zu sein, einen Krieg oder eine Revolution zu führen. Es ist aber notwendig, dass er beim Malen seines Werkes genauso herangeht wie jemand, der einen Krieg oder eine Revolution führt.«

DIE ÄTHERISCHEN ÖLE IN DER ZITRONENSCHALE

Ätherische Öle sind Mischungen von flüchtigen organischen Verbindungen, die man sich als in der Pflanze in kleinen Höhlen gelagerte winzige Tropfen vorstellen kann. Ätherische Öle befinden sich in verschiedenen Teilen der Pflanze (in den Blättern, den Stielen, in den Früchten und ihren Schalen, in den Ästen, den Wurzeln) und geben eben diesen ihren bezeichnenden Duft. Die Empfehlungen zur Verwendung der Zitronenschale sind vielfältig: im Hausputz als Spülmittel, in einem Lokal (oder im Haus) als »Luftverbesserer«, in Olivenöl eingelegt zur Hautpflege. Alle diese Ratschläge haben mit den ätherischen Ölen und mit deren Eigenschaften zu tun.

Mit verschiedenen Methoden kann man diese Öle aus der Pflanze gewinnen. Die ätherischen Öle haben für die Pflanze oft eine wichtige Funktion: Manchmal sind sie Teil einer Verteidigungsstrategie und werden von den Pflanzen gegen Infektionen oder Verletzungen produziert. Andere Stoffe (wie zum Beispiel das Hesperidin) spielen eine Rolle beim Anlocken für Bestäuberinsekten oder sie schützen die Pflanze vor dem Sonnenlicht.

In der Industrie werden die ätherischen Öle der Zitrone vor allem durch Kaltpressung der Schale gewonnen. Alle Zitrusfrüchte haben in ihrer Schale eine hohe Konzentration an ätherischen Ölen. Sie haben eine mittlerweile auch wissenschaftlich belegte gesundheitsförderliche Wirkung. Die wichtigsten Moleküle in der Zitronenschale sind das Limonen und das Hesperidin mit einer antibiotischen und antioxidativen Wirkung.

Das Potenzial der ätherischen Öle ist groß und noch lange nicht ausgeschöpft. Die Forschung zu den Pflanzenmolekülen geht weiter und in Zukunft wird sie sicher neue und wichtige medizinische und kosmetische Produkte hervorbringen. Natürlich bietet die Zitrone auch Projektionsfläche für Aberglauben – für alten und für neuen.

MAGIA D'AMORE: DER LIEBESZAUBER DER ZITRONE

Über Jahrhunderte hinweg und bis zum heutigen Tag haben Menschen in Süditalien Liebestränke aus Zitronen zubereitet, weil sie an deren Wirkung glaub(t)en. Hier ein Beispiel:

»In der ersten Vollmondnacht nimm eine Zitrone und ritze mit einer Stecknadel den Namen der Person, die du an dich binden willst, in die Schale; bekreuzige dich und dann stecke 13 Stecknadeln in die Zitrone. Verstecke diese Zitrone an einem dunklen Ort des Hauses. Am siebten Tag nimm die Zitrone heraus: Falls die Zitrone ganz schwarz geworden ist, bedeutet dies, dass die Person, die du an dich binden willst, wirklich kein Interesse an dir hat. Am selben Tag nimm drei weitere Zitronen und unterziehe sie der gleichen Prozedur. Falls diese drei Zitronen nach sieben Tagen zumindest ein wenig schimmelig sind, ist das schon ein gutes Zeichen: Die Person, die dich interessiert, schwankt, ist nicht mehr so widerstrebend. In derselben Nacht bereite wieder fünf Zitronen vor und verstecke sie. Falls die Zitronen nach sieben Tagen feucht sind, so heißt das, dass die Person beginnt, es sich anders zu überlegen. Für dich ist die Zeit gekommen, dich bei ihr zu melden.

Falls du nach dem Date unzufrieden bist, kein Problem! Immer in einer Vollmondnacht weitere fünf Zitronen präparieren: den Namen in die Schale ritzen, 22 Stecknadeln in die Zitronen stecken. Sieben Tage später das Gleiche mit fünf weiteren Zitronen machen und sieben Tage später die letzten drei Zitronen vorbereiten. Und morgens und abends folgenden Spruch dreimal aufsagen: ›Diem ex die facultatem sentiendi augeo et veneficium penitus didico‹ (›Tag für Tag lerne ich, die Zauberei intensiver zu machen‹).«

Die Prozedur bringt uns natürlich zum Schmunzeln. Paradox ist, dass diese alte Zauberei oft funktioniert hat: Ihre Macht lag im Glauben der Menschen, die dann auch Himmel und Hölle in Bewegung gesetzt haben, um ihr Ziel zu erreichen – manchmal eben mit Erfolg! Natürlich glauben wir heute nicht mehr an diese alten Rituale. Aber was machen wir stattdessen? In unseren rationalen Gesellschaften reicht es aus, »Zitrone« in eine Suchmaschine einzugeben, um von einer ganzen Flut wissenschaftlich anmutender Artikel über die wundertätigen Eigenschaften der Zitrone erstickt zu werden: von einer Anhäufung missverstandener ayurvedischer Prinzipien, von Empfehlungen von Großmüttern, vermischt mit durchaus korrekten Informationen. Und viele dieser Informationen werden kritiklos übernommen und geglaubt, als wären sie wissenschaftlich belegte Erkenntnisse.

Nur um die am hartnäckigsten sich haltenden Gerüchte zu dementieren: Wasser und Zitronensaft zu trinken »entgiftet« unseren Körper nicht, und die Zitronensäure heilt auch keinen Krebs. Wie viele andere Nahrungsmittel auch kann die Zitrone sehr gesund sein. Aber: Zu viel Zitronensäure kann Gastritis hervorrufen und den Zahnschmelz angreifen.

Und apropos Liebeszauber: Wenn er nicht funktioniert, so nützt er in jedem Fall dem Obsthändler.

Ihren Zauber und ihre Wirkung entfaltet die Zitrone aber zweifellos in der Küche: Wir verwenden sie, um

Nahrungsmittel zu würzen, zu marinieren (die Zitrone »gart« tierische Stoffe, ohne sie zu kochen, siehe Rezept S. 39), um die rasch einsetzende Oxidation von verschiedenen Lebensmitteln zu verhindern (siehe Rezept S. 37), als Getränk. Für einen italienischen Koch, der nun weit vom Mittelmeer entfernt lebt, sind die Zitronen sozusagen ein Heimweh-Symbol: Das Leben wäre einfach zu süß ohne einige Tropfen vom Saft der erfrischenden Zitrone.

SAUER MACHT »GELÜSTIG«: DER ZITRONENSAFT

Der Zitronensaft mit seiner Säure hat eine appetitanregende Wirkung, man könnte fast sagen, dass er den Geschmackssinn »aufweckt«: Obwohl adstringierend erfrischt und stimuliert der Saft unseren Gaumen und bereitet uns darauf vor, die nachfolgenden Speisen besser genießen zu können. Während der traditionell stundenlangen italienischen Hochzeitsessen hilft ein Zitronensorbet den Gästen, nach dem Fischgang, den intensiven Geschmack »auszuwaschen« und den Gaumen für die Fleischgerichte vorzubereiten. Die Lust auf das Essen wird so wieder geweckt und man kann den Essensmarathon fortsetzen.

Bei vielen Zitrusfrüchten – vor allem bei Orangen – ist der Saft das Produkt, das alle kennen und konsumieren. Geschmack, Geruch und Farbe sind sehr speziell und die Säfte eine direkte Quelle für Vitamin C. Die Hauptstoffe, die wir im Saft von Zitrusfrüchten finden, sind Kohlenhydrate (in Zitronen aber weit weniger als in Zitrusfrüchten mit mehr Zucker), organische Säuren, Mineralstoffe und Vitamine. Während der Orangensaft und der Mandarinensaft wegen ihres Zuckergehalts geschätzt werden, überwiegen im Zitronensaft die sauren Bestandteile, vor allem die Zitronensäure. Ein hoher Gehalt an verschiedenen Mineralstoffen – vor allem Kalium, Kalzium, Magnesium und Phosphor – machen Zitrusfruchtsäfte sehr wichtig für die

Ernährung. Die Säfte von Orange, Mandarine und Zitrone enthalten auch Hesperidin, einen Stoff, der antiallergische, entzündungshemmende und antivirale Eigenschaften besitzt.

Natürlich ist die beste Art, all diese Inhaltsstoffe zu sich zu nehmen, den Saft frisch gepresst zu verwenden. Die Ernährungsindustrie aber will das kommerzielle Potential der Säfte zur Gänze ausbeuten und hat deswegen technische Methoden entwickelt, um die Säfte für längere Zeit vor mikrobiellen und enzymatischen Vorgängen zu schützen, ohne dass die Eigenschaften der Säfte verlorengehen beziehungsweise deren Verlust zumindest minimiert wird.

Ein Großteil der weltweit angebauten Zitronen ist für die Saftproduktion bestimmt – in Italien beispielsweise ca. die Hälfte der gesamten Anbaumenge. Nur hochqualitative Zitronensorten, wie sie zum Beispiel in der Region Kampanien und in der Gegend von Syrakus angebaut werden, finden auf dem Frischobstmarkt ihren Platz. Industriell hergestellte Zitronensäfte werden vor allem als Konzentrate vermarktet. Sie sind für die Getränkeherstellung sowie für die Erzeugung gemischter Fruchtsäfte oder als Antioxidationsmittel und zum Aromatisieren von Lebensmitteln bestimmt.

Auch Säfte haben verschiedene Bezeichnungen. Damit wir wissen, was wir kaufen, sollen an dieser Stelle die vier Arten von Säften aus Zitrusfrüchten erläutert werden, wie sie in der Europäischen Union gesetzlich gekennzeichnet sind:

- die Direktsäfte (NFC, *not from concentrate*, mit 100% Fruchtfleisch gemacht, mit oder ohne Zucker)

- die Fruchtsäfte aus Konzentrat (FC, *from concentrate*, mit Wasser verdünnt und wieder »aufgebaut«)
- die Nektare (NFC oder FC, aber mit weniger als 100% Fruchtfleisch)
- die nichtalkoholischen Fruchtgetränke (aus mindestens 12% Früchten)

Die Vielfalt ist verwirrend, die Qualität nicht immer überzeugend – deshalb empfehle ich, immer den Saft von frisch gepressten Zitronen zu verwenden.

VON DER SCHALE BIS ZUM KERN

Für viele Menschen ist nur der Saft der Zitronen interessant. Das Vitamin C befindet sich zwar vor allem im Saft, aber auch in der Schale! Und wie wir in den Rezepten sehen werden, erfüllen alle Teile der Zitrone – gute Qualität vorausgesetzt – ihren kulinarischen Zweck. Nicht nur in Italien existiert die Redewendung: »Jemanden auspressen wie eine Zitrone.« Hat man dies getan, kann man den Rest wegwerfen. Und genau das ist es, was viele machen. Die Teilnehmer in meinen Kochkursen fragen manchmal nach, ob man die in einem Rezept angegebene Zitronenschale durch Saft ersetzen kann. Die Antwort lautet: Nein, kann man nicht! Schale ist nicht Fruchtfleisch oder Saft, ist nicht Albedo, ist nicht Blatt und auch nicht Blüte.

- Die Schale ist reich an ätherischen Ölen; sie hat einen intensiven und aromatischen Geschmack, zusammen mit einer leicht bitteren Note. Sie ist perfekt für Torten und Cremen, kann aber auch salzige Gerichte interessanter machen.
- Albedo nennt man die weiße Schicht zwischen Schale und Fruchtfleisch. Sie hat eine schwammige Konsistenz und einen leicht bitteren Geschmack. Soll al-

so in einer Süßspeise die Schale einer Bio-Zitrone verwendet werden, darf die Albedo nicht mit abgerieben werden. In der Küche wird die Albedo selten verwendet, sie kann aber durchaus eine angenehme Überraschung sein (z.B. Rezept S. 33). Wenn wir für ein Dressing Olivenöl, Petersilie, Kapern und Zitrone – sowohl Albedo als auch Fruchtfleisch – in einem Mixer mischen, schenkt die Albedo dem Dressing eine interessante Cremigkeit.

- Das Fruchtfleisch und der Saft: Zitronensaft ist das sauerste Produkt, das wir in der Küche verwenden. Sein pH-Wert liegt bei ca. 2,4[1]! Diese Eigenschaft kommt vielen Speisen zugute.
- Die Zitronenblätter sind breit, glänzend und relativ dick. Sie verströmen einen intensiven Duft – die ätherischen Öle werden auch aus den Blättern gewonnen. Teemischungen verleihen sie ein starkes Aroma, entweder frisch oder getrocknet (natürlich nur solche von unbehandelten Pflanzen). Leider sind die Blätter schwierig zum bekommen – ein zu kleines Nischenprodukt, um es flächendeckend anzubieten.
- Die Blüten sind schön und duftend. Parfums und aromatisierte Lösungen werden mit ihnen zubereitet. Berühmt ist das Orangenblütenwasser für Süßspeisen, das man auch selbst machen kann: Blüten für ca. 20 Minuten ins Wasser legen, abseihen, das Wasser mit Zucker für einige Minuten kochen. Diese Flüssigkeit kann man zum Süßen verwenden, vor allem in Torten. Natürlich kann man

1 Die pH-Werte befinden sich in einer Skala von 1 bis 14. Die pH-Werte von verdünnten wässrigen Lösungen werden wie folgt qualifiziert: pH < 7 als *saure* wässrige Lösung; pH = 7 als neutrale wässrige Lösung, eine Eigenschaft von reinem Wasser; pH > 7 als *basische* (alkalische) wässrige Lösung.

nach dem gleichen Prinzip auch Zitronenblütenwasser zubereiten.

DIE ZITRONE IN DER KÜCHE

Die Zitrusfrüchte und unter ihnen die Zitrone waren für viele Jahrhunderte Statussymbol der europäischen Aristokratie. Die Früchte waren rar und teuer und verbreiteten sich, ausgehend von Südeuropa, immer mehr in Richtung Norden, wo sie in Orangerien gehegt und gepflegt wurden. Aus diesem Grund spielte die Zitrone in Süditaliens aristokratischer Küchentradition eine zentrale Rolle. Die Schale – meist gerieben – ist eine Schlüsselzutat für viele Rezepte dieser Tradition: Die neapolitanischen Fleischklößchen »Sartù« sind mit Zitronenschale aromatisiert; die palermitanische Küche bietet Artischocken mit »Säften« (oder Säuren: Zitrone, Orange, Mandarine und Weißweinessig, siehe S. 37). Alles änderte sich im 19. Jahrhundert: Die Kultivierung der Zitrusfrüchte expandierte und mit ihr die Transportindustrie. Die neuen Konservierungsmethoden und der Verfall des Zuckerpreises führten schließlich dazu, dass die Zitrusfrüchte, vor allem Orangen und Zitronen, langsam auf die Tafeln aller sozialer Klassen kamen.

In der Küche sind Zitronen (natürlich auch die anderen Zitrusfrüchte) vor allem für das Abschmecken von Speisen wichtig. Dafür verwendet man ihre Schale und ihren Saft. Die Zitrone schenkt gekochtem Gemüse eine frische Säure und sie entfettet frittierte Speisen. Oft verwendet man Zitronensaft, um Fleisch und Fisch zu marinieren. Das gibt dem Fisch nicht nur eine spezielle Würzigkeit, die Zitronensäure kann auch zu intensiven Fischgeruch eindämmen.

In der Patisserie sind die Zitronen wertvoll: Der Saft wird in Cremes, Sorbets, Eis und Konfitüren verwendet – allein oder in Kombination mit anderen Fruchtsäften –, um die Säure zu korrigieren. Die Schale mit ihren intensiven Aromen wird für viele Süßigkeiten, Marmeladen, Liköre und Eis verwendet; gerieben ist sie unabkömmlich für Germ-/Hefe- und Mürbteige. Die Schale hat natürlich auch dekorative Funktion.

PRAKTISCHES

Die Farbe der Zitrone gibt nicht unbedingt Auskunft über ihren Reifegrad: Wie bereits erwähnt, können die Zitronen grün, hellgelb oder intensiv gelb sein, abhängig von der Saison. Die »verdelli«, die im Sommer geerntet werden, sind, auch wenn sie reif sind, so grün wie Limetten. Reifekriterien sind daher andere: Eine Zitrone sollte hart sein und ihr Gewicht im Verhältnis zur Größe stehen. Mit der Zeit werden Zitronen nämlich leicht, schrumpelig und dunkel. Zitronen halten sich bei einer Temperatur zwischen 10 und 15 Grad am besten, vor allem an einem trockenen und gut belüfteten Ort. Feuchtigkeit hilft zwar, die Zitronen saftig zu halten, aber sie erhöht das Risiko der Schimmelbildung.
Um den gesamten Saft aus der Zitrone herauszubekommen, sollten sie nicht kalt sein. Zitronen wollen »massiert« werden: Rollen Sie die Früchte also mit der Handfläche auf einem Brett. Das macht sie warm und geschmeidig. Und bitte kaufen Sie nur biologische Zitronen (die Bezeichnung »unbehandelt« kann vieles bedeuten), wir verwenden nämlich immer die Schale und den Saft.

Die Erfolgsgeschichte der Zitrone hat natürlich viel mit ihrem Gehalt an Vitamin C zu tun. Wenn wir den Geschmack eines Gerichtes mit Zitronenaroma abschmecken, ist das Bewahren des Vitamin C meist nicht die erste Priorität. Dennoch sollten wir im Kopf behalten, dass Vitamin C sehr instabil ist und drei große Feinde hat: den Sauerstoff, die Wärme und das Wasser. Wenn wir eine Zitrone halbieren, beginnt der Sauerstoff in der Luft sofort damit, ihren Vitamin-C-Gehalt zu reduzieren. Deswegen sollte man den Saft sofort pressen und auch sofort verwenden. Übrige Zitronenstückchen sollte man folieren, im Kühlschrank aufbewahren und in jedem Fall bald verwenden. Und um das Vitamin C zu erhalten, sollten Schale und Saft nicht lange und nicht mit hoher Temperatur oder mit viel Wasser (Vitamin C ist wasserlöslich!) gekocht werden.

So weit verbreitet wie die Zitronen über den Erdball, so vielfältig sind auch die Rezepte. Für dieses Büchlein habe ich mich – aus Platzgründen, aufgrund meiner Herkunft und natürlich wegen meiner Leidenschaft für die süditalienischen Zitronen – auf Rezepte aus Italien und dem Mittelmeerraum konzentriert. Lassen Sie sich verführen: ins »Land, wo die Zitronen blühen«.

REZEPTE

AUF VORRAT

Salzzitronen nach maghrebinischer Art

Obwohl man in Salz eingelegte Zitronen einfach als Konservierungsmethode abtun könnte, bringt diese Zubereitung wirklich das gewisse Etwas in viele Rezepte.

Wir benötigen dazu
Zitronen • 1 EL grobes Salz pro Zitrone • sterilisierte Einmachgläser

Die zwei Spitzen der Zitronen abschneiden und die Zitronen mit einem Messer der Länge nach einschneiden, dabei aber darauf achten, dass die beiden Hälften am unteren Ende noch zusammenhängen. Die Zitronen noch einmal der Länge nach einschneiden. Es entstehen Viertel, die an ihrer Basis noch fest verbunden sind. Je 1 EL Salz in das »Herz« jeder Zitrone streuen und die Zitronen in ein Glas schichten, bis es fast voll ist. Das Glas verschließen. Das Salz entzieht den Zitronen die Flüssigkeit; nach einem Tag sollte die freigesetzte Flüssigkeit ausreichen, um die Zitronen zu bedecken (falls nötig, noch etwas Wasser dazugießen). Die verschlossenen Gläser für mindestens 4 Wochen an einem trockenen, kalten und dunkeln Ort stehen lassen. Die Schale wird weich und aromatisch und das Salz nimmt den Saft aus dem Fruchtfleisch auf. Um die Zitronenschale zu verwenden, sollte man das Fruchtfleisch weg- und die Schalen in Würfel schneiden. Man verwendet sie für Risotto, für Pasta, in Salaten oder in Sandwiches (siehe Rezept S. 38).

Kandierte Zitronenschalen

Das Wort »kandieren« kommt vom arabischen *qandat*. Das Wort *khandakah* (Zucker auf Sanskrit) wurde von den Arabern im Mittelmeerraum verbreitet. Das Kandieren ist eine jahrhundertealte Konservierungsmethode, bei der Früchte (oder Blätter und Blüten) in Zuckersirup getaucht werden.

Die Schalen verschiedener Zitrusfrüchte (vor allem von Orange, Zedratzitrone und Zitrone) können eine Art Geheimwaffe sein: Süßspeisen schenken sie einen speziellen Duft und ein köstliches Aroma. Mit den kandierten Schalen von Zitrusfrüchten bekommen Sorbets und Kekse einen besonderen Kick.

Für unser Rezept brauchen wir
Zitronen • Zucker • Wasser

Zuerst schneiden wir die Enden der Zitronen weg. Mit einem kleinen Messer wird das Fruchtfleisch von der Schale gelöst. Die Schale wird in ca. 1 cm breite Streifen geschnitten und in eine Schüssel mit Wasser gelegt. Jetzt beginnt die Phase, in der die Bitterstoffe aus Schale und Albedo gelöst werden sollen. Deshalb müssen wir das Wasser regelmäßig wechseln, ca. alle 4 oder 5 Stunden: Es ist empfehlenswert, die Schalenstreifen für mindestens 24 Stunden im Wasser zu lassen. (Es gibt aber auch Rezepte, die drei Tage für das Einweichen der Schalen angeben.) Am Ende dieses Prozesses lassen wir die Schalen in einem Sieb für eine halbe Stunde abtropfen und tupfen sie dann mit Küchenpapier trocken. Anschließend werden sie gewogen: Wir brauchen Schalen und Zucker in gleicher Menge. In einem Topf bei niedriger Temperatur Zucker in Wasser auflösen – ca. 100 ml Wasser pro 100 g Zucker –, dann die Schalen hinzufügen und für einige Minuten kochen. Die Schalen anschließend für ca.

15 Minuten in der Flüssigkeit abkühlen. Dann wiederholen wir diesen Vorgang in derselben Flüssigkeit; insgesamt sollen die Schalen mindestens dreimal gekocht und abgekühlt werden – jedenfalls so lange, bis die Flüssigkeit dicht und cremig ist. Nun ein mit Backpapier ausgelegtes Blech mit Zucker bestreuen. Die Zitronenschalen mit dem Zucker vermischen, abkühlen und vollständig trocknen lassen. An einem trockenen Ort und bei Raumtemperatur in einem Blechbehälter lagern.

Limoncello

Der Limoncello ist ein Produkt der süditalienischen Region Kampanien. In der Gegend von Neapel, an der Amalfiküste, auf der Halbinsel von Sorrent oder auf den Inseln Procida und Capri bringt die Kombination von mildem Klima, der Nähe des Meeres und der Fruchtbarkeit der vulkanischen Erde des Vesuvs verschiedene hochqualitative Zitronensorten hervor. In dieser Gegend war der Limoncello, ein köstlicher hochprozentiger Zitronenlikör, für Jahrhunderte sehr populär und wurde von vielen Menschen zu Hause hergestellt. Er ist unkompliziert in der Zubereitung und man braucht dafür auch keine besonderen Utensilien oder Zutaten. Wahrscheinlich wurde der Likör deshalb in den letzten Jahrzehnten weltweit derart beliebt. Der Erfolg hat sicher auch mit dem süßen Geschmack zu tun: eine Eigenschaft, die für einen hochprozentigen Likör nicht unbedingt üblich ist.

Die Limoncello-Formel lautet
pro 100 ml Alkohol (Weingeist) 30 g Bio-Zitronenschalen (ohne Albedo) • 100 ml Wasser und 80 g Zucker

In einem luftdicht verschließbaren Gefäß legen wir die Zitronenschalen in den Alkohol und lassen sie darin ziehen. Ziel ist es, die ätherischen Öle, die sich in der Zitronenschale befinden, im Alkohol zu lösen. Das Gefäß dunkel und bei Zimmertemperatur für 3 Tage lagern.

Anschließend bereiten wir mit Wasser und Zucker einen Sirup zu: Dazu Wasser und Zucker für einige Minuten kochen lassen und den abgeseihten Alkohol mit dem Zitronensirup mischen. Je nach Geschmack können wir einen mehr oder weniger hochprozentigen Limoncello zubereiten: Je geringer die Sirupmenge ist (z.B. 80 ml Sirup pro 100 ml Alkohol), desto hochprozentiger ist der Limoncello. Den Limoncello für mindestens 1 Woche (besser 2 Wochen) reifen lassen.

SALATE, VORSPEISEN & EIN IMBISS

Zitronensalat mit »limone pane« aus Procida

Für Menschen, die die Insel Procida besuchen – die kleinste der drei Inseln im Golf von Neapel, an der Nordseite gelegen – ist die Entdeckung der lokalen Zitronensorte immer eine große Überraschung. Man kann die Früchte in jedem Garten sehen! Sie sind unter verschiedenen Gesichtspunkten eigenartig: Sie sind riesig – größer als alle anderen Zitronen und sogar oft größer als die größten Zitrusfrüchte wie die Pampelmuse *(Citrus maxima)*. Die Früchte sind leicht eiförmig und haben normalerweise eine dünne Schale, die sehr reichhaltig an ätherischen Ölen ist. Aber sie haben eine sehr dicke und schwammartige Albedo: Der weiße Teil zwischen Schale und Fruchtfleisch erinnert an Brot, diese Zitrone wird deshalb »limone pane«, Brotzitrone, genannt. Normalerweise ist die Albedo leicht bitter im Geschmack, aber jene der »limone pane« ist gar nicht bitter und, noch interessanter, auch das Fruchtfleisch hat einen milden und nicht zu sauren Geschmack. Beides wird im nun folgenden Rezept verwendet. Diese Zitrone ist nicht nur typisch für Procida, sie wird auch auf den anderen Inseln des Golfs von Neapel kultiviert, ebenso auf der Halbinsel von Sorrent und an der Amalfiküste.

Dieser Salat ist ein Klassiker der »cucina povera« (der Arme-Leute-Küche) aus dieser Gegend. Mit den richtigen Zutaten (es ist sinnlos diesen Salat ohne diese Zitronensorte zuzubereiten) ist dieses Rezept geschmacklich sehr reichhaltig. Die Bevölkerung von Procida behauptet steif und fest, sobald ihre Zitronen die Insel verlassen und auf dem italienischen Festland angekommen seien, würden sie ihren besonderen Geschmack verlieren. Obwohl ich dazu tendiere, diese Legende zu glauben – alle Rezepte schmecken besser, wenn man sich auf einer schönen Insel befindet –, würde ich den Salat, wenn er zu bekommen ist, auf jeden Fall auch anderswo probieren. Wichtig sind nur die richtigen Zitronen!

Für 4 Personen brauchen wir
2–4 Zitronen (unbedingt »limone pane«), abhängig von der Größe • 1 Zwiebel • 1 Knoblauchzehe • 1 Handvoll Minzblätter • 1 kleine getrocknete Chilischote • Salz • Olivenöl extra nativ

Mit einem Kartoffelschäler die Schale abschälen und für andere Rezepte verwenden. Die Zitronen (samt Albedo) in Würfel schneiden und in eine Schüssel geben. Mit einem Löffel die Zitronenstücke leicht andrücken und den Saft in einem Sieb auffangen. Die Zwiebel in Ringe schneiden, die Knoblauchzehe, die Minzblätter und die Chilischote fein hacken und mitsamt dem Zitronensaft zu den Stückchen geben. Mit Salz abschmecken, mit ein wenig Wasser und Öl marinieren und servieren.

Zitronette und »Salmoriglio«

Die Zitronette (oder Citronette) ist eine aus der französischen Kochtradition stammende Emulsion, die man für viele Rezepte verwenden kann. Man braucht dafür nur Zitronensaft, Olivenöl, Salz und Pfeffer. Dieses Dressing ist eine Variante der Vinaigrette, nur kommt die Säure darin nicht von Weinessig und Weißwein. Die Zitronette schmeckt delikat und ist sehr vielseitig. Man verwendet sie für Salate, aber auch für gegrillten Fisch. In der traditionellen Version wird der Zitronensaft mit Senf und Obers/Sahne vermischt. Ich bevorzuge eine leichtere und ausgewogenere Version: 1 Teil Zitronensaft mit 3 Teilen Olivenöl und eventuell noch etwas Kräuter.

Eine Emulsion ist eine Mischung aus Fett und einer wässrigen Zutat – bei diesem Dressing dem Zitronensaft. Um Fett und Saft zu mischen, braucht man Kraft: Gemischt wird entweder mit einem Schneebesen oder man schüttelt die Zitronette in einem verschlossenen Schraubglas. Da die Emulsion nicht stabil ist, bereitet man die Zitronette erst kurz vor dem Essen zu, sonst trennen sich die beiden Elemente wieder (in diesem Fall einfach wieder mischen). Man kann die Zitronette für maximal 2 Tage im Kühlschrank aufbewahren.

Für 4 Salatportionen brauchen wir
ca. 40 ml Zitronensaft (Saft von ca. 1 Zitrone) • Salz und Pfeffer • 120 ml Olivenöl extra nativ •

Die Zitronen pressen, den Saft durch ein feines Sieb seihen und in eine Schüssel gießen. Das Salz hinzufügen und mit einem Schneebesen rühren, bis das Salz aufgelöst ist. Den Pfeffer hinzufügen und wieder rühren. Jetzt das Öl nach und nach langsam einarbeiten, immer wieder emulgieren, um eine dickflüssige Creme zu erhalten.

In der süditalienischen Version der Zitronette befinden sich zusätzlich 1 fein gehackte Knoblauchzehe, etwas Oregano und etwas gehackte Petersilie. Zum ersten Mal kam ich damit als Kind in Kontakt, und zwar auf Stromboli, einer der Äolischen Inseln mit dem berühmten aktiven Vulkan. Morgens trieb ich mich mit meiner Mutter am Strand zwischen den kleinen Booten herum – dort, wo die Fischer anlegten. Ich wollte die »großen Fische« sehen, aber meine Mutter stand schon bei einem Fischer, der neben zwei Garnelenreusen etwas zubereitete. In einer Holzkiste lagen reichlich Garnelen: rot, mit kleinen blauen Kugeln in ihren Körpern – das waren die inneren Organe. Die Garnelen der Äolischen Inseln sind wirklich klein und viel weicher als andere, daher isst man sie mit der Schale.

»Wollt ihr kosten?«, fragte der Fischer. Ich wunderte mich, weil nirgends Feuer oder ein Herd zu sehen war. Aß er die Garnelen etwa roh? Aus einer Stofftasche holte der Fischer eine kleine Flasche und begann sie zu schütteln. »Was ist das?«, fragte ich. »Sammuriggiu!«, antwortete er in breitem lokalen Dialekt. Nur wenige Tropfen davon träufelte der Mann auf die Garnelen, und dann zeigte er mir, was ich tun sollte: Den Kopf einer Garnele hielt er zwischen den Fingern und mit einem beherzten Biss knackte er den Körper ab und kaute die Garnele langsam und genüsslich. Wollte ich das probieren? Was ist dieses Sammuriggiu? Kann man die Garnelen wirklich roh essen? Während ich noch überlegte, steckte mir der Fischer eine Garnele in den Mund: Der intensive Geschmack traf mich mit voller Wucht. Es war köstlich!

Carciofi ai quattro succhi
Artischocken mit vier Säften

Artischocken und Zitronen – was für eine perfekte Kombination! Wenn wir die äußeren Blätter der Artischocke wegschneiden, beginnt, durch den Kontakt mit dem Sauerstoff in der Luft, sofort ein Oxidationsprozess. Um diesen Prozess (und dadurch verursachte Verfärbungen der Artischocken) zu vermeiden, verwenden wir Zitronenwasser. Artischocken werden oft mit Zitrone, Knoblauch, Petersilie oder Minze und Olivenöl verarbeitet. Hier werden der süße Geschmack der Mandarinen und der Orangen, der saure Geschmack der Zitronen und des Essigs und schlussendlich das bittere Aroma der Artischocken miteinander vereint.

Nicht zufällig kommt dieses Rezept aus Sizilien – es ist ein altes Winterrezept der Aristokratie von Palermo. Die erste kultivierte Artischocke wurde in Sizilien produziert, und obwohl diese Region nicht mehr Hauptlieferant für Zitrusfrüchte ist, spielt sie als Kulturwiege der Zitrusfrüchte nach wie vor eine große Rolle.

Für 6 Personen brauchen wir
12 Artischocken • 6 Zwiebeln • ½ Glas Olivenöl extra nativ (ca. 60 ml) • 1 Glas Orangensaft (ca. 125 ml) • 1 Glas Zitronensaft (125 ml) • 1 Glas Mandarinensaft (ca. 125 ml) • ½ Glas Weißweinessig (ca. 60 ml) • 4 Gläser Wasser (ca. 500 ml) • Salz • 8 Sardellenfilets • 30 g eingelegte Kapern • 1 EL Zucker • Pfeffer

Die Artischocken putzen: Die äußeren harten Blätter entfernen und die Spitzen wegschneiden. Dann die Artischocken vierteln und in eine Schüssel mit Zitronenwasser legen, um die Oxidation zu verhindern. Die Zwiebeln in dünne Ringen schneiden. Die Artischocken, das Öl, die Säfte, den Essig, Wasser und etwas Salz in eine Pfanne geben und alles kochen, bis die Artischocken etwas weicher sind (ca. 15 bis 20 Minuten). Die Artischocken herausnehmen und auf einen Servierteller legen. Die Sauce reduzieren, bis sie dickflüssig ist (das dauert sicher noch 20 Minuten). In einem Mörser die Sardellenfilets mit etwas Olivenöl zerkleinern. Die Sardellen, die Kapern und den Zucker zur Sauce hinzufügen und falls notwendig mit Salz und Pfeffer abschmecken. Die Sauce auf die Artischocken gießen und servieren.

»Panino« mit Zucchini, Ziegenfrischkäse, Bresaola und Zitrone

Ein perfekter italienischer Imbiss!

Für 1 Sandwich brauchen wir
1 Salzzitrone (siehe Rezept S. 30) • 1 Stück (Größe je nach Hunger) italienisches Stangenbrot (kürzer und dicker als das französische Baguette) • 30 g Ziegenfrischkäse • 50 g dünn geschnittene Bresaola (luftgetrocknetes und gesalzenes Rindfleisch) • 6 Scheiben gegrillte Zucchini • einige gehackte Walnusskerne

Die Zitrone würfeln. Das Brot halbieren und toasten. Die Brothälften mit Frischkäse bestreichen. Auf die untere Hälfte des Brotes die Zitronenstücke, die Bresaola, die Zucchini und die gehackten Nüsse legen. Mit der anderen Hälfte Brot bedecken und … kraftvoll zubeißen!

Marinierte Sardellen

Die Sardellen, so wie andere Fische (etwa Sardinen, Makrele und Heringe) in Italien als »pesce azzurro« (blauer Fisch) bekannt, sind traditionell ein wichtiger Bestandteil der Ernährung am Mittelmeer: günstig, (noch) weit verbreitet, reich an Omega-3-Fettsäuren und wegen ihrer kurzen Lebensdauer weniger von der Meeresverschmutzung betroffen. Dieses Gericht kann man kaum als Rezept bezeichnen, weil es so einfach ist. Man findet es in verschieden Varianten an der gesamten Mittelmeerküste, normalerweise als Vorspeise. Machen Sie sie nur, wenn Sie ganz frische Sardellen bekommen.

Für 4 Personen brauchen wir
16 frische Sardellen • Salz • den Saft von 2 Zitronen • 2 Schalotten in dünnen Streifen • 1 Handvoll gehackte Petersilie • 4 EL Olivenöl extra nativ

Die Sardellen abspülen und mit Küchenpaper abtupfen. Die Köpfe der Sardellen abschneiden, die Fische mit den Händen entgräten und aufklappen, ohne die beiden Filets zu teilen (der Schwanz hält die Filets zusammen), wieder ausspülen und in einen tiefen Teller legen. Mit Salz bestreuen und mit dem Zitronensaft übergießen. Den Teller mit Küchenfolie bedecken und die Fische im Kühlschrank für ca. 24 Stunden marinieren lassen. Die Fischfilets aus der Marinade nehmen, abtropfen lassen und auf einen Teller legen. Mit den Schalotten, Petersilie und reichlich Olivenöl abschmecken und servieren.

Tagliolini al limone
Dünne Bandnudeln mit Zitrone

»Tagliolini al limone« sind ein italienisches Rezept mit vielen lokalen Varianten. Hier ist meine Version, für die ich die süßen Zwiebeln aus Tropea verwende. Diese eiförmige Sorte wächst nur in der Gegend von Tropea (in Kalabrien) und ist so besonders süß und delikat, dass man sie auch einfach roh essen kann.

Für 4 Personen brauchen wir
für die Tagliolini: 300 g glattes Mehl • 3 Eier • Schale einer Bio-Zitrone
für die Sauce: 1 rote Tropea-Zwiebel • 50 g Butter • 2 EL Olivenöl extra nativ • 1 Bio-Zitrone (Saft und abgeriebene Schale)
außerdem: Parmesan • Salz und Pfeffer

Das Mehl in eine Schüssel sieben. Eine große Vertiefung in die Mitte drücken. Die fein geriebene Zitronenschale hinzufügen und gut umrühren. Eier in die Vertiefung aufschlagen. Das Mehl nach und nach mit einer Gabel oder mit den Fingern in rührenden Bewegungen einarbeiten. Den Teig etwa 10 Minuten kneten, bis er glatt ist. Falls er zu weich ist, noch etwas Mehl einarbeiten, ist er zu fest, etwas Wasser hinzufügen. Den Teig zu einer Kugel formen und mindestens eine halbe Stunde bedeckt ruhen lassen. Bei Verwendung einer Nudelmaschine den Teig mehrmals durchlaufen lassen und nach und nach um eine Einstellung dünner ausrollen. (Sie können den Teig natürlich auch mit einem Nudelholz ausrollen.) Die dünnen Teigblätter zum Trocknen aufhängen. Wenn sie sich ledrig anfühlen und nicht mehr kleben, wenn man sie zusammendrückt, können sie zu Tagliolini – dünnen Bandnudeln – geschnitten werden.

Für die Sauce die Zwiebel fein hacken. In einer Pfanne Butter und Öl erhitzen. Die Zwiebel und die Zitronenschale hinzufügen und kurz anbraten. Die Tagliolini in Salzwasser kochen. 1 EL des Nudelwassers in die Sauce gießen, den Zitronensaft dazugeben und bei niedriger Temperatur köcheln. Die Nudeln in die Pfanne mit der Sauce geben und darin schwenken, bis das Wasser verdampft ist, mit Salz und Pfeffer abschmecken, dann mit Parmesan bestreut servieren.

Calamarata mit Kapern und Zitrone

Calamarata ist eine Pasta-Sorte, die an in Ringe geschnittene Calamari-Tuben erinnert und normalerweise in Kombination mit Meeresfrüchten verwendet wird. Das berühmteste Rezept ist ein Klassiker der neapolitanischen Küche und wird mit Calamari, Tomaten, Knoblauch und Petersilie zubereitet. Hier stelle ich eine »weiße« Variante (ohne Tomaten) vor, welche mit dem Zitronenaroma eine frische Meeresbrise auf den Tisch bringt.

Für 4 Personen brauchen wir
2 geputzte Calamari (ca. 300 g) • 1 Handvoll Kapern in Salz • 1 Bio-Zitrone • 1 Schalotte • 2 EL Olivenöl extra nativ • ca. 50 ml trockenen Weißwein • 300 g Calamarata (alternativ Paccheri oder Ditali) • frische Thymianblättchen

Die geputzten Calamari in hauchdünne Ringe schneiden. Die Kapern mit Wasser gut spülen. Die Schale der Zitrone dünn abschneiden und fein hacken (oder mit einer Reibe abreiben) und den Saft auspressen. Die Schalotte in dünne Scheiben schneiden und in einer Pfanne mit dem erhitzten Öl kurz anbraten. Die Calamari hinzufügen und bei starker Hitze für ca. 5 Minuten anbraten. Den Wein dazugießen und die Sauce für ca. 5 Minuten reduzieren. Den Zitronensaft gemeinsam mit den Kapern dazugeben und, falls zu wenig Flüssigkeit vorhanden ist, noch etwas Wasser beifügen und für weitere 5 Minuten braten. Die Nudeln in Salzwasser al dente kochen, abseihen und mit etwas Kochwasser in die Pfanne mit der Sauce geben. Kurz braten. Die Pfanne vom Herd nehmen, die Nudeln mit Zitronenschale und frischem Thymian abschmecken und servieren.

Zitronenrisotto

Dieses Rezept verlangt Vertrauen in die Intensität des Zitronenaromas und Zutaten von wirklich guter Qualität. Man sollte dabei nie vergessen, dass der Saft der meisten Zitronen wirklich sauer ist – also immer sparsam verwenden. Die Herausforderung dieses Rezepts ist es, die wenigen Zutaten in genau der richtigen Menge zu verwenden.

Für 4 Personen brauchen wir
1 Zitrone • 50 g Butter • 1 fein gehackte Zwiebel • 2 Handvoll Risottoreis pro Person (meine Lieblingsreissorte für dieses Rezept ist »Carnaroli«, aber man kann es auch mit »Arborio« oder »Vialone nano« zubereiten) • 1 Glas trockenen Weißwein • 4–5 gehackte Minzblätter • 1,5 l heißen Gemüsefond • ca. 50 g Parmesan

Die Zitrone schälen: Je nach Geschmack kann man das entweder mit einer Zitrusreibe machen oder mit anderen Utensilien (z.B. einem Kartoffelschäler, aber dann müssen die Schalenstückchen noch gehackt werden). Die Albedo entfernen und das Fruchtfleisch in kleine Würfel schneiden. Die Hälfte der Butter in einer breiten Kasserolle mit einem ca. 5 cm hohen Rand erwärmen und die Zwiebel darin leicht Farbe nehmen lassen. Den Reis beifügen, für ca. 2 Minuten bei starker Hitze anrösten und mit einer Küchenspachtel aus Silikon umrühren (keinesfalls eine harte Spachtel verwenden, das ist nicht gut für die Reiskörner). Den Reis mit Wein ablöschen. Nachdem der Wein verdampft ist, wird der heiße Fond nach und nach in das Risotto gegossen. Rühren Sie dabei ständig um und warten Sie, bis der Fond absorbiert wurde, bevor Sie den nächsten Schöpfer dazugeben. Das Kochen wird ca. 15–20 Minuten dauern. Nach ca. 10 Minuten die gehackte Zitronenschale und die Hälfte des Fruchtfleisches – oder nur den Saft einer halben Zitrone – hinzufügen. Wenn die gesamte Flüssigkeit aufgebraucht ist (das Risotto soll wellig, »all'onda« sein), wird es vom Herd genommen und der Parmesan, die Minze und die restliche Butter untergerührt. Rühren Sie das Risotto für ca. 2 Minuten und servieren Sie es dann.

Saiblingsfilets mit Zitrone

Dieses einfache Rezept kann man mit verschiedenen Fischarten zubereiten. Am Mittelmeer wird es oft mit Seezunge zubereitet, mir gefällt besonders die Kombination der Zitrone mit einem Alpenfisch.

Für 4 Personen brauchen wir
4 Saiblingsfilets • Mehl zum Bestäuben • Butter •
2 EL Olivenöl extra nativ • Salz und Pfeffer •
2 Zitronen • Schnittlauchröllchen zum Garnieren

Die Saiblingsfilets mit Mehl bestäuben. In einer beschichteten Pfanne etwas Butter und das Öl erhitzen. Die Filets hinzufügen und auf beiden Seiten für ca. 2 Minuten anbraten (behalten Sie die Filets im Auge!). Mit Salz und Pfeffer würzen, vom Herd nehmen und warm halten. In derselben Pfanne ein mit 1 EL Mehl verknetetes nussgroßes Stück Butter auflösen und bei niedriger Temperatur den Zitronensaft einrühren, bis die Sauce eine cremige Konsistenz hat. Die Sauce abschmecken. Die Filets wieder hinzufügen, mit Schnittlauch garnieren und servieren, eventuell mit Rosmarinbratkartoffeln als Beilage.

Zitronenhuhn

Der Mensch ist schon sehr früh auf das Huhn gekommen: Das Fleisch ist leicht verdaulich und wohlschmeckend und die Vögel sind einfach zu züchten. Das Fleisch ist cholesterinarm, deshalb ist es heute noch wichtiger und wird in Massentierhaltung produziert. Ein gutes Huhn – ein wirklich gutes Huhn – zu bekommen, ist heutzutage gar nicht so einfach. Ein paar Tipps: Den Vogel immer im Ganzen kaufen, wenn möglich direkt vom Bauernmarkt, und auf jeden Fall bio (am besten ein Bio-Freilandhuhn, das bei der Schlachtung mindestens 6 Monate alt war)! Und nie – wirklich nie – ein Huhn kaufen, das billig ist. Die Kombination der schmackhaften Vögel mit Zitrone findet man in vielen Kochtraditionen auf der ganzen Welt. Hier stelle ich eine italienische Version vor:

Für 4 Personen brauchen wir
2 Bio-Zitronen • 20 g Butter • 1 Bio-Huhn (küchenfertig ausgenommen) • 2 Knoblauchzehen • 1 Lorbeerblatt • 3 EL Olivenöl • Salz und Pfeffer • 1 Bund Petersilie

Den Ofen auf 180 °C (Umluft) vorheizen. 1 Zitrone halbieren und das Innere des Huhns zuerst mit der Zitronenhälfte und dann mit etwas Butter einreiben. Die andere Zitronenhälfte in Stücke schneiden. Das Huhn mit Zitronenstücken, Knoblauchzehen und dem Lorbeerblatt füllen. Das Olivenöl, die restliche Butter und das Huhn in einen Bräter geben. Mit Salz und Pfeffer würzen und im vorgeheizten Ofen für ca. 60 Minuten garen. Die andere Zitrone auspressen und das Huhn mit dem Saft beträufeln, dann noch ca. 15 Minuten braten. Das Huhn tranchieren, mit gehackter Petersilie garnieren und servieren.

Kaninchen mit Honig und Zitrone

Kaninchenfleisch ist speziell: Im Vergleich zum Huhn schmeckt es etwas »wild«, aber lang nicht so intensiv wie Hasenfleisch, das man aus diesem Grund normalerweise länger marinieren muss. Falls der Geruch des Kaninchens zu aufdringlich sein sollte, kann man die Stücke für 1 Stunde in eine Mischung aus Weißweinessig und Wasser legen.

In diesem unkomplizierten Rezept kombiniere ich Kaninchenfleisch mit Zitrone und Honig. Entgegen der weit verbreiteten Meinung, der Honig sei lediglich dazu da, ihn aufs Brot zu streichen oder im Winter in den Tee zu rühren, ist er eine wunderbare Zutat in der Küche. Mit einem Löffel Honig erreichen viele Rezepte eine neue geschmackliche Dimension. In diesem Fall verwenden wir Blütenhonig, dadurch wird das »wilde« Element des Kaninchenfleisches milder.

Für 6 Personen brauchen wir
1 Kaninchen (ca. 1,5 kg, in Stücke geschnitten) • 2 Bio-Zitronen • 3 EL Blütenhonig • 3 EL Olivenöl extra nativ • 1 TL rosa Pfefferbeeren • 1 Zweig Salbei • Salz und schwarzen Pfeffer • 3 Knoblauchzehen mit Schale • 250 g Rucola

Den Backofen auf 200 °C (Umluft) vorheizen. Die Zitronenschale in dünnen Streifen abschälen und den Saft auspressen. In einer Schüssel Honig und Zitronensaft gut mischen (eventuell mit einem Schneebesen). Mit einem Pinsel einen Bräter mit Olivenöl ausstreichen. Die Honig-Zitronen-Mischung hineingießen, Zitronenschale, rosa Pfefferbeeren, Salbei sowie 1 Prise Salz und evtl. etwas schwarzen Pfeffer hinzufügen und vermischen. Die Kaninchenstücke einlegen und in der Sauce ein paar Mal drehen, die Knoblauchzehen hinzufügen. Kaninchen in den Ofen schieben und für ca. 30–40 Minuten braten. Während des Bratvorgangs das Fleisch zwei- bis dreimal mit der Sauce benetzen. Das Fleisch soll goldbraun werden und die Oberfläche leicht karamellisieren. Die Kaninchenstücke auf einem Rucolabett anrichten und mit der Honig-Zitronen-Sauce bestrichen servieren.

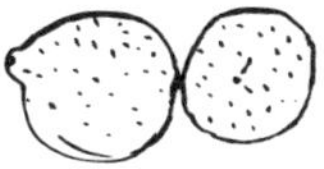

Scaloppina al limone
Kalbsschnitzel in Zitronensauce

»Scaloppina al limone« (Kalbsschnitzel in Zitrone) erinnert mich an die Sonntagsmittagsessen (»pranzi della domenica«) meiner Kindheit. Manchmal gingen wir dazu in eine Trattoria in meiner Stadt. Die cremige Sauce, die das Schnitzel bedeckte, mit ihrem delikaten und zitronenaromatischen Geschmack hat uns Kinder verführt – und die Mutter glücklich gemacht, denn das Kalbfleisch, das wir damals höchstens zweimal im Monat auf dem Tisch hatten, wurde restlos aufgegessen.

Für 4 Personen brauchen wir
4 Kalbschnitzel (ca. 500 g) • Mehl zum Bestäuben • 2 EL Olivenöl extra nativ • 50 g Butter • Salz und Pfeffer • Saft einer Zitrone • 50 ml Rind- oder Gemüsesuppe • gehackte Petersilie

Die Schnitzel mit Mehl bestäuben. Das Öl und die Hälfte der Butter in einer beschichteten Pfanne erhitzen. Wenn die Butter braun wird, die Schnitzel hineingeben und bei starker Hitze auf jeder Seite für ca. 5 Minuten braten. Mit Salz und Pfeffer abschmecken. Den Zitronensaft mit der Suppe mischen, in die Pfanne gießen und noch einige Minuten leicht einkochen. Die Schnitzel aus der Pfanne nehmen und warm halten. Die restliche Butter hinzufügen und die Sauce bei starker Hitze reduzieren, bis sie cremig ist. Die Schnitzel mit der Sauce übergießen, mit etwas Petersilie garnieren und servieren.

Geschmorter Kalbsbraten mit Zitrone

Der Kalbsbraten ist ein Klassiker vieler Feiertags-Familienessen. Die Version mit Zitrone – die man in Italien in vielen regionalen Varianten probieren kann – bietet unserem Gaumen ein geistvolles und frisches Aroma. Das Geheimnis dieses delikaten und butterweichen Gerichts ist das lange Schmoren.

Für 6 Personen brauchen wir
3 EL Olivenöl extra nativ • 1 kg Kalbsbraten (Kalbsnuss oder Kalbsschulter) • Salz und Pfeffer • 1 Glas trockenen Weißwein • 1 Prise frischen Thymian • 6 angedrückte Wacholderbeeren • 200 ml Gemüsefond • 2 Bio-Zitronen • Butter

Zuerst erhitzen wir das Öl in einem Schmortopf (mit Deckel), würzen das Fleisch mit Salz und Pfeffer und braten es rundherum an. Nun den Wein dazugießen und den Alkohol verdampfen lassen. Den Thymian und die Wacholderbeeren beimengen. Den Gemüsefond hinzufügen und den Kalbsbraten zugedeckt ca. 30–40 Minuten schmoren lassen.

In der Zwischenzeit bereiten wir die Zitronen vor: Die Spitzen wegschneiden, dann mit einem Kartoffelschäler die Schale dünn abschneiden, anschließend mit einem scharfen Messer die Albedo entfernen. Die geschälten Zitronen in Scheiben schneiden und die Scheiben einer davon nach 30 Minuten Schmorzeit zum Fleisch geben. Weitere 20 Minuten schmoren. Das Fleisch aus dem Topf nehmen und für ca. 10 Minuten in einen geschlossenen Behälter legen. Die Zitronenschalen in Streifen schneiden und zum Fleischfond geben, um eine aromatische Sauce zu erhalten. Nach einigen Minuten noch etwas Butter hinzufügen. Den Kalbsbraten mit dieser Sauce und mit den restlichen geschälten Zitronenscheiben servieren. Dazu reiche ich gerne einen Rucolasalat, mariniert mit Zitronensaft, Salz und Olivenöl (Zitronette, S. 35)

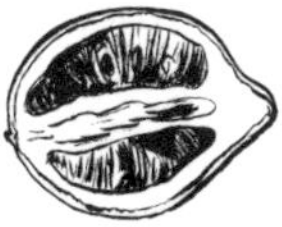

Polpette al limone
Zitronenfleischklößchen

In vielen Rezepten sind die »Polpette al limone« in Öl frittiert, hier werden sie im Backofen gegart.

Für 4 Personen brauchen wir
300 g Faschiertes/Hackfleisch vom Kalb • 300 g Faschiertes/Hackfleisch vom Schwein • 2 Eier • 50 g geriebenen Parmesan • 3 Bio-Zitronen (Saft und abgeriebene Schale einer Bio-Zitrone) • 2–3 Zweige gehackten frischen Rosmarin • Brösel/Paniermehl • Olivenöl extra nativ • Salz und Pfeffer

Den Backofen auf 200 °C (Umluft) vorheizen. Das Fleisch mit 1 Ei, dem Parmesan, der Schale und dem Saft einer Zitrone (oder etwas weniger) und dem Rosmarin mischen, bis die Masse glatt und homogen ist. Mit feuchten Händen walnussgroße Klößchen formen. Das zweite Ei verquirlen, die Klößchen darin wenden und in den Bröseln wälzen. In einer beschichteten und geölten Backform im vorgeheizten Backofen bei 200 °C (Umluft) für ca. 20 Minuten garen. Die Zitronenfleischklößchen wenden und dabei jedes auf eine Zitronenscheibe legen. Im Ofen bei 180 °C für ca. 15 Minuten fertig garen und servieren.

Caprese-Torte mit Zitrone

Die Legende besagt, die Originalversion der Caprese-Torte wäre das Ergebnis eines Fehlers: In einer Konditorei auf der Insel Capri vergaß ein Feinbäcker während der Zubereitung einer Mandeltorte mit Schokolade, dem Teig das Mehl hinzuzufügen. Die Torte, innen weich und außen knusprig, ist ein Klassiker der italienischen Küche geworden und mittlerweile weltberühmt. Der weißen Version des Rezepts, mit weißer Schokolade und Zitrone, war weniger internationaler Erfolg beschieden. In der Gegend um Neapel – auf den Inseln Procida, Capri und Ischia, an der Amalfi-Küste und auf der Halbinsel von Sorrent allerdings, wo gute Zitronen angebaut werden, erfreut sich dieses Rezept großer Beliebtheit.

Für eine Torte mit 28 cm Durchmesser (12 Portionen) brauchen wir
200 g weiße Schokolade • 250 g geschälte Mandeln • 140 g Staubzucker • 50 g Kartoffelstärke • 10 g Backpulver • 50 g in kleine Würfel geschnittene kandierte Zitronenschale, gekauft oder selbst gemacht (siehe S. 31) • fein gehackte Schale einer Bio-Zitrone • ½ Glas Olivenöl extra nativ (ca. 60 ml) • 5 Eier • 1 Päckchen Vanillezucker • 60 g Zucker • 1 kleines Glas Limoncello (50 ml, siehe S. 32)

Den Backofen auf 180 °C (Umluft) vorheizen. Die Schokolade mit einem scharfen Messer fein hacken (man kann sie auch fein reiben). Die Mandeln gemeinsam mit dem Staubzucker im Mixer zu feinem »Mehl« mahlen.

Nun vermischen wir in einer Schüssel Kartoffelstärke, Backpulver, das Mandelmehl, Schokolade, die kandierte und die »rohe« Zitronenschale. Das Öl hinzufügen. Eier, Vanillezucker und Zucker in einer Schüssel schaumig schlagen. Dann mischen wir alles durch langsames Rühren zusammen, bis unsere Creme homogen ist. Zuletzt den Limoncello dazugeben. (Der Teig bleibt sehr flüssig.) Nun gießen wir den Teig in eine mit Olivenöl eingefettete Backform und backen die Caprese für ca. 50 Minuten im vorgeheizten Backofen. Nach dem Auskühlen stürzen und vor dem Servieren mit Staubzucker bestreuen.

Delizie al limone

»Delizie al limone« (Zitronenköstlichkeiten) sind kleine Süßigkeiten, typisch für die Halbinsel von Sorrent, die für besondere Anlässe zubereitet werden, zum Beispiel für ein Hochzeitsfest. Sie sind eine Kreation des Kochs Carmine Marzuillo, der – so sagt die Legende – der Schönheit von Sophia Loren mit einem Dessert huldigen wollte, welches an die runde Form ihrer Brüste erinnert. Die »Delizie« haben eine weiche Biskuitbasis, sind mit Creme gefüllt und mit einer süßen Glasur überzogen. Das Rezept ist etwas anspruchsvoll, es hat verschiedene Phasen, aber das Ergebnis ist umwerfend.

Für 8 »Delizie« brauchen wir
für das Biskuit: 1 Vanilleschote • 150 g Ei (ca. 2–3 Stück) • 150 g Zucker • 100 g Mehl • 50 g Kartoffelstärke
für die Zitronencreme: abgeriebene Schale einer Bio-Zitrone • 40 g Zitronensaft • 2 Eigelb • 40 g Zucker • 40 g Butter
für die Vanillesauce: 4 Eigelb • 100 g Zucker • 30 g Mehl • 1 Vanilleschote • 500 ml Milch

für die »bagna al limoncello« (das Limoncellobad): 30 g Wasser • 50 g Limoncello • 30 g Zucker • abgeriebene Schale einer Bio-Zitrone
für die Füllung: ½ Menge der Zitronencreme • ½ Menge der Vanillesauce • 30 g Schlagsahne • 30 g Limoncello
für die Glasur: ½ Menge der Vanillesauce • ½ der Menge der Zitronencreme • 80 g Schlagsahne • 30 g Milch
außerdem: abgeriebene Schale einer Bio-Zitrone zum Garnieren • 8 kleine Aluminiumformen

Zuerst machen wir das Biskuit: Den Backofen auf 170 °C (Umluft) vorheizen. Die Vanilleschote der Länge nach aufschneiden und das Mark herauskratzen. Eier, Zucker und Vanillemark in einer Schüssel mit einem Mixer für ca. 15 Minuten schlagen, bis eine helle, dicke und schäumende Creme entsteht. Das gesiebte Mehl und die gesiebte Kartoffelstärke hinzufügen und vorsichtig mit einem Teigschaber unterheben. Den Teig in kleine, mit Butter bestrichene und mit Mehl bestäubte Aluminiumformen geben und im vorgeheizten Ofen für 15 Minuten backen. Die kleinen Kuchen gehen kuppelförmig auf. Abkühlen lassen und dann die kleinen Biskuitkuchen herausnehmen, auf einen Teller legen und mit Folie bedecken.

Nun bereiten wir die Zitronencreme zu: In einer kleinen Schüssel die geriebene Zitronenschale mit Zitronensaft bedecken und für ca. 10 Minuten stehen lassen. In einer anderen Schüssel die Eigelbe mit Zucker schaumig rühren, dann den Zitronensaft samt Schale dazugießen. Die Creme in einem Topf leicht erhitzen, ohne sie zum Kochen zu bringen, und dabei immer wieder umrühren. Abkühlen lassen und dann die in Würfel geschnittene Butter hinzufügen. Die Creme mit einem Stabmixer pürieren, in ein Gefäß mit Deckel füllen und in den Kühlschrank stellen.

Jetzt ist es Zeit für die Vanillesauce: In einem kleinen Topf die Eigelbe mit dem Zucker mit einem Holzlöffel verrühren. Dann langsam das Mehl unter ständigem Rühren hinzufügen, bis man eine dickflüssige Creme hat. Die Vanilleschote der Länge nach aufschneiden und das Mark herauskratzen. Die Milch mit Mark aromatisieren und nach und nach unterrühren. Diese Mischung auf dem Herd bei kleiner Hitze rühren und rund 3 bis 4 Minuten köcheln lassen. Die Creme in eine Schüssel umfüllen, abkühlen lassen, dabei von Zeit zu Zeit umrühren, damit sich an der Oberfläche keine Haut bildet.

Dann kommt das Limoncellobad: Wasser, Limoncello, Zucker und Zitronenschale zum Kochen bringen. Vom Herd nehmen und abkühlen lassen.

Nun die flache Basis der kleinen Biskuitkuchen knapp abschneiden und beiseitelegen. Die Kuchen mit einem Löffel von unten vorsichtig aushöhlen, damit die Füllung Platz hat. In einer Schüssel die Hälfte der Zitronencreme, die Hälfte der Vanillesauce, 30 g Schlagsahne und 30 g Limoncello gut vermischen. Die kleinen Biskuitkuchenkuppeln vorsichtig damit füllen und mit den »Bodenstücken« schließen. Die »Delizie« umdrehen (Kuppeln nach oben) und mit einem Zahnstocher mehrmals einstechen. Die »Delizie« mittels Pinsel mit der »bagna al limoncello« kräftig einpinseln.

In einer Schüssel bereiten wir nun die Glasur zu: Die restliche Vanillesauce und Zitronencreme mit der Schlagsahne und der Milch vermischen. Die Delizie auf einen Servierteller legen und mit reichlich Glasur bedecken. Mit Zitronenschale garnieren. Für 8 bis 10 Stunden in den Kühlschrank stellen und dann servieren.

Zitronentiramisù

Das Tiramisù mit Kaffee ist ein italienischer Klassiker und in der ganzen Welt berühmt. Aber man kann Tiramisù auch mit Obst zubereiten. Die Grundidee ist immer gleich: Die Biskotten/Löffelbiskuits werden in einer Flüssigkeit getränkt, die Mascarponecreme gibt die Struktur. Beim Zitronentiramisù darf die Flüssigkeit natürlich nicht nur der Zitronensaft sein: Unser Tiramisù wäre zu sauer.

Für 6–8 Personen (rechteckige Form 14 cm x 28 cm) brauchen wir
350 g Zucker • 200 ml Zitronensaft • 4 Eier • Schale einer Bio-Zitrone • 500 g Mascarpone (oder, für eine leichtere Creme, 250 g Mascarpone und 250 g frischen Ricotta) • Biskotten/Löffelbiskuits

200 g Zucker in 250 ml Wasser auflösen und für ca. 5 Minuten kochen, um einen dickflüssigen Sirup zu erhalten. Abkühlen lassen und dann den Zitronensaft hinzufügen. Für die Mascarpone-Creme trennen wir das Eigelb vom Eiweiß. Die Eigelbe in einer großen Schüssel mit 150 g Zucker und der Schale einer Bio-Zitrone für einige Minuten mit einem Mixer verrühren, bis die Creme weiß wird. Dann den Mascarpone hinzufügen und glatt rühren. Eiweiß zu Schnee schlagen und langsam in die Mascarponecreme einrühren. Die Biskotten im Zitronensirup tränken und in eine rechteckige Form schichten. Diese Schicht mit Mascarponecreme bedecken. Mindestens 3 Lagen Biskotten und Creme aufschichten, mit Creme abschließen. Das Tiramisu für mindestens 3 Stunden in den Kühlschrank stellen.

Un gelato al limon

Als Kind war es für mich faszinierend, dass man, obwohl Zitroneneis so gut schmeckte, eine Zitrone nicht so wie andere Früchte essen konnte. Welches Geheimnis verbarg sich hinter diesem Rezept, das eine derart saure Frucht in mein Lieblingseis verwandelte? Heute weiß ich, dass die Zubereitung dieses Rezeptes ganz einfach ist und das einzige Geheimnis dahinter die Intensität des Geschmacks der Zitrone ist: Wenn wir biologische Zitronen in hervorragender Qualität verwenden, ist die Schlacht schon halb gewonnen.

Ein altes Lied von Paolo Conte ist genau unter diesem Eindruck geschrieben. Das Lied »Un gelato al limon« – die titelgebende Nummer eines Albums aus dem Jahr 1979 – erzählt uns die Geschichte von zwei Liebenden, die sich im Sommer heimlich in einer italienischen Stadt treffen. Versunken in der sommerlichen Hitze der Stadt versucht der Liebende, seiner Geliebten durch ein Zitroneneis die »Sinnlichkeit des verzweifelten Lebens« zu schenken. »Ein Zitroneneis mit einer echten Zitrone! Wie schmeckt es dir?« Die zwei Liebenden, die sich in »tristen Hotelzimmern« treffen, schaffen es in einer heißen Nacht mit etwas Fantasie, sich ihrer Leidenschaft hinzugeben, in ihrer Liebe »dahinzuschmelzen«. Sie wird aber ebenso kurzlebig sein wie das Zitroneneis in einer heißen Sommernacht: köstlich und erfrischend, aber »flüchtig« – wenn man es nicht schnell genießt, schmilzt es dahin.

Für dieses einfache Rezept für 4 Personen brauchen wir
200 ml Schlagsahne • 200 ml Wasser • 200 g Zucker •
400 ml Zitronensaft • Schale einer Bio-Zitrone

In einem kleinen Topf Schlagsahne und Wasser erwärmen. Den Zucker hinzufügen und auflösen, die Temperatur auf 85 °C bringen (mit einem Thermometer kontrollieren) und vom Herd nehmen. Abkühlen lassen und im Kühlschrank für ca. 4 Stunden ruhen lassen. Das ist wichtig, um das Gerinnen zu verhindern, wenn wir den Zitronensaft dazugeben. Dann reiben wir die Zitronenschale und pressen die Zitronen. Die Schale und den Saft hinzufügen und gut vermischen. Die Creme in einer Eismaschine rühren, bis sie die richtige (cremige) Konsistenz hat. Falls Sie keine Eismaschine haben, geben Sie die Creme in einem flachen Behälter in den Tiefkühler und rühren alle 30 Minuten um, damit sich keine Kristalle bilden. Bei dieser Methode braucht das Eis ca. 3 Stunden, um die richtige Konsistenz zu bekommen.

WARME UND KALTE GETRÄNKE MIT ZITRONE

Zitrone und Wasser, manchmal mit Zucker oder Honig, manchmal mit etwas Kräutern: einfach und gut, hier nur zwei Beispiele, abseits von Zitronentee und Limonade.

Canarino

In einem kleinen Topf 250 ml Wasser mit 2–3 Streifen Bio-Zitronenschale und einem Lorbeerblatt für 5 Minuten kochen. Mit etwas Zucker abschmecken und warm wie einen Tee trinken: wirkt verdauungsfördernd.

Zitronensirup

Die Schalen von 3 Bio-Zitronen in einer Schüssel mit dem Saft von 12 Zitronen sowie 200 ml heißem Wasser vermischen und zugedeckt bei Raumtemperatur 24 Stunden durchziehen lassen. Dann die Flüssigkeit durch ein feines Sieb gießen und wiegen. Doppelt so viel Zucker in einer Kasserolle in ca. 500 ml Wasser auflösen und zu einem dicken Sirup verkochen. Den Zitronensaft dazugießen und wieder für ca. 10 Minuten kochen. Abkühlen lassen, in kleine Flaschen abfüllen und verschließen. Mit Wasser verdünnt eine köstliche Erfrischung!

I LIMONI: ZUM ABSCHLUSS EIN GEDICHT

Eugenio Montale ist wahrscheinlich der wichtigste italienische Dichter des 20. Jahrhunderts. Der in Genua geborene Schriftsteller erhielt 1975 den Nobelpreis für Literatur. 1925 erschien im Verlag Piero Gobetti sein erster Gedichtband *Ossi di seppia* (Tintenfischknochen), in dem man auch das Gedicht »I limoni« findet. Die Zitronen sind in diesem Gedicht, laut Kritik, ein »objektives Korrelat« der gesamten Existenz: Jeder kennt sie, und sie rufen, weil sie Teil der ligurischen Landschaft sind, unmittelbare Emotionen hervor.

Montale hebt sich mit seiner Entscheidung, über die Zitronen zu schreiben, von anderen Dichtern ab: Ihm ist es ein Anliegen, über die einfachen und schönen Dinge des Lebens zu sprechen. In einer kargen Natur, einem manchmal harten Leben können uns die Zitronen ein wenig Freude und Wärme schenken. Wie wahr!

»(…)
Der Regen ermüdet die Erde und die Winterträge
lastet dann dicht auf den Häusern,
das Licht wird spärlich und bitter die Seele.
Bis eines Tages ein halb
offenes Tor zwischen Bäumen eines Hofes
auf das Gelb der Zitronen zeigt;
bis das Eis des Herzens zerschmilzt
und die Brust von Gesängen
erschallt aus den Goldtrompeten
der Sonne.«[2]

2 *Was bleibt (wenn es bleibt).* Gedichte 1920–1980. Italienisch-Deutsch. Mainz: Dieterich'sche Verlagsbuchhandlung 2013.

DANKE!

Für ihre unendliche Geduld und wertvolle Hilfe, mein Deutsch zu korrigieren, herzlichen Dank an Monika Corso: Für Wochen war ich ihre größte Plage, die »Delizie al limone« werde ich das nächste Mal für sie zubereiten. Danke auch an Anna Ransmayr und Ilse Henner. Für ihre außerordentlich nützlichen Ratschläge und Ideen danke ich Katharina Seiser, der Pionierin der Zitrusfrüchte in Österreich, sowie Hanni Rützler, die wie immer meinen Horizont erweitert hat. Für die köstlichen Zitronen, die sie seit Jahren anbieten, und für ihre Hilfsbereitschaft ein Dankeschön an Casa Caria sowie an Donatella. Für ihren wesentlichen Beitrag zum Gelingen dieses Buches (und auch der »Artischocke«) möchte ich mich bei meiner Lektorin Inge Fasan besonders bedanken.

Abschließend möchte ich diejenige Person nennen, die alles ermöglicht hat: Danke, Alexandra.

BRUNO CICCAGLIONE

ist in Italien geboren und aufgewachsen. Er hat in Siena Finanzwirtschaft studiert und war mehrere Jahre in Italien gewerkschaftlich und zivilgesellschaftlich aktiv. Seit 2008 lebt er in Wien und hat hier eine seiner Leidenschaften – das Kochen – zu seinem Beruf gemacht. Er ist Privatkoch und führt Italophile in seinen Kochkursen in die Kunst der italienischen Küche ein. Bruno ist auch Musiker, singt und spielt mit seiner Gitarre, allein oder mit dem Trio Amarcord+, neben seinen eigenen Liedern auch jene der besten italienischen Cantautori. Sein erstes Buch *Artischocke* erschien 2016 im *mandelbaum verlag.*

www.saporito.at

REZEPTVERZEICHNIS

mandelbaums *kleine gourmandisen*

Jeweils 60 Seiten | Euro 12,– | Gebunden

ARTISCHOCKE
AVOCADO
BASILIKUM
BIRNE
ERDNUSS
FEIGE
FENCHEL
GRANATAPFEL
HOLUNDER
JOHANNISBEERE
KAKAO
MANDEL
MARONE ESSKASTANIE
MELANZANE AUBERGINE
MOHN
MORCHEL
PASTINAK
QUITTE
RHABARBER
ROTE RÜBE ROTE BETE
SAFRAN
SALBEI
SELLERIE
SPARGEL
STEINPILZ
VANILLE
WALNUSS
WEICHSEL SAUERKIRSCHE
ZIMT
ZITRONE
ZWIEBEL